GTB

Gütersloher Taschenbücher

732

Birgit E. Kretzer

geb. 1957, Dr. phil. und Judaistin, lebt als freie Autorin, Rezensentin und Herausgeberin in Neunkirchen/Siegerland.

Zwischen Himmel und Erde

Jüdische Erzählungen und Lebensweisheiten

Herausgegeben von Birgit E. Kretzer

Gütersloher Verlagshaus

Originalausgabe

Die Deutsche Bibliothek – CIP-Einheitsaufnahme

Zwischen Himmel und Erde: jüdische Erzählungen und
Lebensweisheiten / hrsg. von Birgit E. Kretzer.
– Gütersloh: Gütersloher Verl.-Haus, 1999
(Gütersloher Taschenbücher; 732)
ISBN 3-579-00732-7

ISBN 3-579-00732-7

Umschlaggestaltung: INIT, Bielefeld, unter Verwendung einer Miniatur
»Jüdische Propheten, Könige und Älteste betrachten den Himmel«
aus einer jüdischen mittelalterlichen Handschrift.
Satz: Weserdruckerei Rolf Oesselmann GmbH, Stolzenau
Druck und Bindung: Clausen & Bosse, Leck
Gedruckt auf chlorfrei gebleichtem Werkdruckpapier
Printed in Germany

Inhalt

Vorwort

Alle Freuden

Rabbi Pinchas sprach:
«Alle Freuden stammen aus dem Paradies, auch der Scherz, wenn er in wahrer Freude gesprochen wird.«

Wißt ihr, Kinder, jede Erzählung hat ein Ende, ein gutes oder ein schlechtes. Die jüdischen Erzählungen haben gewöhnlich ein trauriges Ende. Ein Sprichwort sagt: Ein Jude, besonders ein armer Jude, ist nicht geschaffen, um Freude zu erleben. Was gibt es darüber noch viel zu reden? – Wenn ihr größer seid, werdet ihr es selber erfahren.

Scholem Alechem, Die Fahne

Zwiesprache

Ein Schüler fragte den Rabbi von Lublin: »Unsere Weisen sagen, Gott spreche zur Gemeinde Israels, wie geschrieben steht: ›Kehret zu mir um, und ich will mich zu euch kehren‹, sie aber erwidert, wie geschrieben steht: ›Kehre uns, Herr, zu dir, und wir kehren um.‹ Was soll dies? Ist Gottes Wort doch gerecht, denn die Erweckung von unten zieht ja, wie bekannt ist, die von oben heran.«

Jakov Jiszchak von Lublin

»Humor ist eine jüdische Tugend.« Dieser Ausspruch von Rabbi Joseph Telushkin charakterisiert die geistig-seelische Eigenart jüdischer Lebensgestaltung mit ihrem humorvollen Geist sowohl an Festtagen als auch im Alltag. Dazu gehört auch ein Erfahrungselement: die »wahre« Freude, die Freude in der Armut, die Erweckung der Freude von »unten« nach »oben«. Die gesamte Gefühlspalette von Freude, Wonne, Jubel und verhaltenerem Genießen unter der Hilfe eines Höheren, eines Gottes, des Gottes Israels, in einem mit menschlichen Fehlern behafteten Paradies auf Erden ist für Juden damit abgedeckt.

Thora und Hebräische Bibel geben über die näheren Zusammenhänge den verbindlichen Erklärungshintergrund. Für die Bibel beginnt der Humor beim Geist und bei dessen Verwendung. Das hebräische Wort *ruah* für Geist bedeutet »Wind, Hauch«. Damit hat Gott seine Geschöpfe auf ihr Leben und dessen Prinzipien und Regeln hingewiesen. Gott verleiht Geist, und von dessen Gebrauch gehen bestimmte Wirkungen aus, die dann u.a. im Humor zum Tragen kommen und auf den anderen und den Nächsten Einfluß haben. Geistlosigkeit kann daher auch Witzlosigkeit bedeuten, was sich im jüdischen Humor besonders beherzigt zeigt. Der Geist treibt zu gelenkter Tat, beseelt die ekstatischen Prophetengemeinschaften und führt sogar zum Umtreiben des Geistes, das zum Aufbruch und zum Über-Sich-Hinausgeraten durch den Geist Gottes anregt. Der Talmud hingegen sieht darin eher die Gebotserfüllung durch Auslegung als Freude an der Erfüllung an, die Chassidim leben sich aufgrund dieser Auffassung göttlichen Geistes im Spannungsgefüge zwischen Himmel und Erde aus.
So können ein Prophet und auch ein Rabbi durch den Geist Gottes ganz real an einen anderen Ort versetzt, durch den Geist des Herrn entführt werden und zur Gottesfurcht von Jugend auf mahnen. Das Ergriffenwerden beim Haar führt den Geist fort zu einer Auseinandersetzung zwischen Himmel und Erde und vielleicht zu einem Konflikt, der oft humorvoll ausgetragen wird. Diese Verbundenheit mit dem Geist und Beauftragung durch den Geist im Sinne der Weitergabe ist Gottes Wille, der ins Amt einsetzt. Die Ausgießung des Gottesgeistes über das ganze Volk zielt ab auf das Wandeln in Geboten und das Handeln nach Recht, findet über dem Fleisch statt und macht Weissagung, Träume und Gesichte wahr. Sinnbild dafür ist das Tauchbad, das Steigen aus dem Wasser, bei dem sich der Himmel auftut. In diesem Kontext gestaltet sich jüdi-

scher Humor als Veränderung im Gemüt durch die Befolgung des göttlichen Gesetzes.

Im Neuen Testament setzt sich nach der Lehre des messianischen Judentums die Vermittlung des Geistes Gottes an die Seinen im Pfingstwunder fort. Die gemeinsame Versammlung an einem Ort, scheinbar voll des süßen Weins und des Redens in eigener Sprache, ist es, die dem chassidischen Temperament recht nahekommt. Die Verleihung des Geistes, das Reden in Zungen und Weissagungen ist der talmudischen wie der chassidischen Lehre gleichermaßen zu eigen. Auch die Versiegelung durch den Heiligen Geist als einer Verheißung zum Unterpfand des Erbes zur Erlösung und das Lob der Herrlichkeit Gottes, die im Neuen Testament Teilhabe an der neuen Welt bedeuten, ist der jüdischen Unterweisung nicht fremd. Jüdische Gedanken zum Messianischen zeugen davon.

Die so gewonnenen Geistesgaben bieten der Gemeinde Wachstum, Form und Halt. Verschiedene Gaben wirken durch einen Geist, der alle Leiber gleichermaßen durchtränkt. Die Tiere sind davon nicht ausgeschlossen. Beobachtungen an Tieren führen zu tieferer Weisheit.

Die Gnade geschieht nach dem Maß der Gabe Gottes, die ein Überwinden des Gefängnisses des Geistes ermöglicht. Durch seine optimistische Grundhaltung zum Leben verhilft der jüdische Humor in der Beachtung dieser Zusammenhänge dazu, auch schwierigste Lebenslagen zu bestehen.

Der talmudische und der chassidische Humor

Freude und Humor im Talmud ergeben sich aus der Gebotserfüllung, besonders auffällig am Schabbat, und aus der Weisung, aus einer Mischung aus Ernst und Heiterem, von Leid und Freude und der Vergnügtheit an der Natur.

Freude aus dem Gebot

Die Einwohnung verweilt nicht, wo Trübsinn ist, und nicht, wo Trägheit ist, und nicht, wo Ausgelassenheit ist, und nicht, wo Leichtsinn ist, und nicht, wo Geschwätz ist, und nicht, wo unnützes Gerede ist, sondern wo ein Antrieb der Freude ist auf Grund von Gebotserfüllung.

Schabbat 30 b

Tashlich oder Taschlich, der Neujahrsritus, hingegen, in dem durch Werfen von Brocken in einen Fluß das Hinwegtun der Sünden versinnbildlicht wird, zeigt, im folgenden Beispiel chassidisch aufgefaßt, deutlich auf, wie jüdischer Humor chassidische Ausprägung erhält. Es ist die Fähigkeit, über das Brot einfach auch einmal humorvoll zu verfügen, das einem das Leben jedoch erst ermöglicht, wie überhaupt das Leibliche im Bezug zum Geistigen das Wesentliche des Humors ausmachen kann: dies ist bei den Chassidim noch mit einem mystisch-ekstatischen Akzent gepaart, wobei im Talmud eher die Diskussion der Lehrsätze überwiegt:

Der Taschlich

Einmal hatte es Rabbi Naftali versäumt, mit seinem Lehrer, dem Rabbi von Lublin, zum Taschlich an den Fluß zu gehen. Als der Rabbi mit seinen Leuten auf dem Heimweg war, sahen sie Naftali zum Flusse laufen. »Was rennst du so?« fragte ihn einer, »du siehst doch, der Rabbi geht schon heim, und was macht es dir nun noch aus, ob du etwas früher oder später ankommst?« »Ich will noch schnell«, sagte jener, »etwelche von den Sünden aufzuklauben suchen, die der Rabbi ins Wasser geworfen hat, und sie in der Schatzkammer meines Herzens verwahren.«

Jaakob Jizchak von Lublin

Chassidischer Humor kann sich auf die gesamte leibliche Befindlichkeit beziehen:

Zum Leib

Der Baalschem sprach zu seinem Leibe: »Ich wundere mich, Leib, daß du noch nicht zerbröckelt bist aus Furcht vor deinem Schöpfer.«

Israel Ben Elieser, der Baal-Schem-Tov

Selbst ein Körperteil allein bestimmt manchmal tückisch über die Relation zum Himmlischen aus dem Irdischen heraus:

Was der Mund will

Der Baalschem sprach: »Wenn ich meinen Sinn an Gott hefte, lasse ich meinen Mund reden, was er will; denn alle Worte sind dann an ihre obere Wurzel gebunden.«

Israel Ben Elieser, der Baal-Schem-Tov

Humorvolle Aussage ist danach auch bei Erkenntnis des Bösen kontrastiv möglich:

Die zwiefältige Welt

Rabbi Baruch sprach einmal: »Was für eine gute und lichte Welt ist das doch, wenn man sich nicht an sie verliert, und was für eine finstere Welt ist das doch, wenn man sich an sie verliert!«

Baruch von Mesbiz

Sogar im Unheil läßt sich das eigene Engagement bei aller Geplagtheit noch positiv und humorvoll im Sinne der Selbstironie begründen:

Der Seufzer

Die Frau hielt schweigend das hungernde, verstummte Kind. Da seufzte der Maggid zum ersten Male auf. Ungesäumt kam die Antwort; eine Stimme redete zu ihm: »Du hast deinen Anteil an der kommenden Welt verloren.« »Wohlan«, sprach er, »der Lohn ist abgeschafft, jetzt kann ich wahrhaft zu dienen beginnen.«

Dow Bär von Mesritsch

Die Weisheiten der Chassidim mit ihrem ganz eigenartigen aphoristischen Humor erstrecken sich über das Grundsätzliche des Glaubens bis hin zum letzten Detail des irdischen Lebens. Der Humor im Großen und im Kleinen ist hier das Hauptthema.

Die Spannung zwischen den leiblichen und den geistlichen Welten hebt sich in den chassidischen Lehren humorvoll in mannigfaltiger Weise auf, einmal in der Geistausgießung über das Fleisch, zum anderen als Konflikt des Himmlischen mit dem Irdischen bis hin zum Kreatürlichen. Es dominiert die Freude am Leben, so wie es ist.

Das Gegenständliche und das Geistige in den chassidischen Weisheiten zeigen wiederum an, daß es ein Reden in eigener Sprache gibt, daß die unterschiedlichen Geistesgaben bis hin zur prophetischen Gestalt und zur Lebensphilosophie reichen.

Weissagungen über den Messias und die falschen Messiasse sind letztlich ebenso Kennzeichen des chassidischen Humors, der mit Weisheit und Nichtwissen im Gleichnishaften befaßt ist, bis hin zum religiösen Witz.

Verschiedene Gaben und ein gemeinsamer Geist: dies ist ein weiteres Thema für die kreatürliche Welt vor Gott, mit dem der Chassid anstrebt, den Willen vor Gott zu erläutern, damit dieser getan wird.

Ein derart tiefgründiger, zwischen Körperlichem und Geistigem vermittelnder und zu Lebenstüchtigkeit ermunternder Humor, der religiös-nationaler Natur ist und doch prinzipiell darüber hinausgeht, der das Verhältnis des Volkes zu seinem Land, den Orten und Menschen aufzeigt, prägt auch die Eigenheiten der Erzähltradition, die in jüdischen Geschichten, Erzählungen, Märchen und Legenden zum Tragen kommt, in faszinierender Weise.

In Geschichten zu den jüdischen Festen verbindet sich der Sinn für Brauchtum, Gesetz und Gebot mit dem Willen zu lehren, bilden und Nutzen zu bringen, sinnfällig und pointiert sowohl in der talmudischen wie der chassidischen Tradition.

So sollen die hier zum Einsatz kommenden Geschichten und Erzählungen über Propheten, Hirten und Lehrer ein Beispiel sein für Werk und Dienst im menschlichen Alltag, den der jüdische Humor sich ungezwungen fast stets zum Ziel setzt. Dem einzelnen Leser mögen sie eine Weisung auf dem Weg sein, individuelle Lebenslösungen für sich selbst zu überdenken und zu finden.

Im Juli 1999 *Birgit E. Kretzer*

I. Humorvolle talmudische Weisheiten

Zu den Festen

Die Wonne des Schabbat

Rabbi Jochanan sagte im Namen Rabbi Joses: Jedem, der den Schabbat zu einer Wonne macht, geben sie ein Erbteil ohne Grenzen; denn es heißt: *Dann wirst du Wonne haben an dem Herrn. Und ich lasse dich einherfahren über Höhen des Landes und lasse dich genießen das Erbe Jakobs, deines Vaters . . .*
Nicht wie Abraham, von dem geschrieben steht: *Auf, ergehe dich im Land, nach seiner Länge...,* und nicht wie Isaak, von dem geschrieben steht: *Denn dir und deinem Samen gebe ich alle diese Lande,* sondern wie Jakob, von dem geschrieben steht: *Ausbreiten wirst du dich westwärts und ostwärts und nordwärts und südwärts.*
Raw Nachman, Jizchaks Sohn, sagte: – er wird aus der Dienstbarkeit der Fremdreiche errettet. Hier steht geschrieben: *Ich lasse dich einherfahren über Höhen des Landes,* und dort steht geschrieben: *Du nimmst den Weg über ihre Höhen.*
Raw Jehuda sagte, Raw habe gesagt: Jedem, der den Schabbat zu einer Wonne macht, werden Wünsche seines Herzens gewährt, denn es heißt: *Hab an dem Herrn deine Wonne, so wird er dir die Wünsche deines Herzens gewähren.* Was für eine Wonne hier gemeint ist, wüßte ich nicht; da aber die Schrift sagt: *Und du nennst den Schabbat eine Wonne,* so ist zu sagen: Auch dies meint die Wonne des Schabbat.
Womit macht er ihn zu einer Wonne? Raw Jehuda, Raw Schmuels Sohn, der Sohn Schelats, sagte im Namen Raws: Mit Gemüsespeise, prachtvollen Fischen und würziger Zukost. Raw Chija, Aschis Sohn, sagte von Raw: Sogar etwas Geringes – wo es zur Ehre des Schabbat bereitet wurde, da ist es eine Wonne. Was ist dies? Raw Pappa sagte: Eine Hackfischpastete.

Schabbat 118 a/118 b

Vorbereitung der Schabbatfreude

Zur Vesperzeit am Eingang des Schabbat sahen sie* einen Greis, der zwei Myrtenbündel hielt, im Zwielicht dahineilen. Sie sagten zu ihm: Wozu hast du diese? Er sagte zu ihnen: Zur Ehrung des Schabbat. Du hättest doch mit einem genug? Eines entspricht *Gedenke*, und eines entspricht *Beachte*. Da sagte Rabbi Schimon zu seinem Sohn: Siehe, wie lieb Israel die Gebote sind.

Das Fest der Weisung

Rabbi Elasar sagte: Alle stimmen hinsichtlich des Schlußfestes überein, daß wir auch da das *Für euch*** nötig haben. Was ist der Grund? Es ist der Tag, an dem die Weisung gegeben wurde.

Pesachim 68 b

* Rabbi Schimon, Jochais Sohn, und sein Sohn Elasar kamen aus der Höhle zurück, in die sie vor ihren römischen Verfolgern für dreizehn Jahre geflohen waren.

** 4. Mose 29,35. Auch das Schlußfest ist wie andere Feste nicht nur »für den Herrn« (nach 5. Mose 16,8) bestimmt, nämlich nicht nur für das Studium der Schrift, sondern auch »für euch« (nach 4. Mose 29,35), nämlich zum Feiern: zum Essen, Trinken und Fröhlichsein. Die Verleihung der Weisung ist der Grund dieses Feierns am Schlußfest. Am sechsten Tag des dritten Monats (Siwan), auf den dieses Fest fällt, wurde nach alter jüdischer Tradition die Weisung gegeben; dazu 2. Mose 19,1.

Lebensweisheiten und Lehre

Ernst, mit Heiterem gewürzt

Wenn immer Rabba begann, sagte er zu den Schülern etwas Heiteres, und die Schüler wurden erheitert. Schließlich saß er ehrfürchtig da und begann mit dem Lehrvortrag.

Schabbat 30 b

Heil durch Leiden

Rabbi Jehoschua, Levis Sohn, sagte: Jeder, der sich über Leiden freut, die über ihn kommen, bringt Heil in die Welt; denn es heißt: *Durch sie wird die Welt geheilt.*

Taanit 8 a

Dank für Schönes

Raw Jehuda sagte: Wer in den Tagen des Nisan hinausgeht und die Bäume blühen sieht, sage: Gelobt sei, der es in seiner Welt an nichts fehlen ließ und in ihr schöne Geschöpfe und schöne Bäume erschaffen hat, damit sich die Menschen an ihnen vergnügen.

Brachot 43 b

Die große Freude

Ula Biraa sagte, Rabbi Elasar habe gesagt: Zukünftig macht der Heilige, gelobt sei er, einen Reigen für die Bewährten. Und er sitzt zwischen ihnen im Paradies, und jeder einzelne zeigt mit seinem Finger auf ihn, wie es heißt: *Und man sagt an jenem Tage: Siehe, dies ist unser Gott, auf den wir hofften, daß er uns helfe; dies ist der Herr, auf den wir hofften! Laßt uns jubeln und laßt uns froh sein über seine Hilfe!*

Taanit 31a

II. Humorvolle Weisheiten der Chassidim

Glaube und Regel

Aussprüche chassidischer Lehrer

Der Enkel Rabbi Baruchs, des Enkels des Baal Schem, spielte einst mit einem anderen Knaben »Verstecken«. Er verbarg sich und wartete in seinem Versteck lange Zeit und meinte, sein Gefährte suche ihn und könne ihn nicht finden. Aber als er lange gewartet hatte, kam er heraus und sah den andern nicht mehr und merkte, daß er ihn von Anfang an nicht gesucht hatte. Alsdann lief er in die Stube seines Großvaters mit Weinen und Klagen über den Bösen. Da flossen die Augen Rabbi Baruchs über, und er sagte: »So spricht Gott auch: Ich verberge mich, und keiner will mich suchen.« (Ps 27, 8-9)

Die Grundsätze

Rabbi Mendel von Kozk sprach einmal zur Gemeinde: »Was begehre ich denn von euch! Drei Dinge nur: Aus sich nicht herausschielen, in den andern nicht hineinschielen und sich nicht meinen.«

Götzendienst

Der Kozker sprach: »Wenn ein Mensch ein Gesicht macht vor einem Gesicht, das kein Gesicht ist, das ist ein Götzendienst.«

Lebensklugheit und Lebenseinsicht

Was man nicht nachmachen kann

Der Kozker Rabbi sprach: »Alles in der Welt könnte man nachmachen, nur die Wahrheit nicht. Denn eine nachgemachte Wahrheit ist keine Wahrheit mehr.«

Die Wahrheit

Der Baalschem sprach: »Was bedeutet das, was die Leute sagen: ›Die Wahrheit geht über die ganze Welt?‹ Es bedeutet, daß sie von Ort zu Ort verstoßen wird und weiterwandern muß.«

Beten und essen

Man fragte Rabbi Mendel: »Es steht geschrieben: ›Werdet ihr dem Herrn eurem Gott dienen, so wird er dein Brot segnen.‹ Warum heißt es zuerst ›ihr‹ und dann ›du‹?«
Er erklärte: »Dienen, das bedeutet beten. Wenn der Mensch betet, und sei's auch allein in seiner Kammer, soll er sich erst mit ganz Israel verbinden, und so ist es in jedem wahren Gebet die Gemeinschaft, die betet. Wenn aber der Mensch ißt, und sei's auch in einer großen Tafelrunde, das Essen selber tut jeder für sich.«

Der Rettichesser

Bei der dritten Sabbatmahlzeit, dem traulichen und heiligen Gemeinschaftsmahl, saßen die Chassidim an Rabbi Wolfs Tisch, ihr Gespräch nur leise und mit verhaltenen Gebärden fortspinnend, um den in Sinnen versunkenen Zaddik nicht zu stören. Es war aber der Wille Rabbi Wolfs und der Brauch im Haus, daß jedermann jederzeit eintreten und sich an seinem Tisch niederlassen durfte. So kam auch jetzt ein Mann und setzte sich zu den andern, die ihm Platz machten, wiewohl ihnen seine derben Sitten bekannt waren. Nach einer Weile zog er einen großen Rettich aus der Tasche, schnitzelte sich einen Haufen mundgerechter Stücke zusammen und begann sie schmatzend zu verzehren. Nun konnten seine Nachbarn ihre Erbosung nicht länger niederhalten. »Du gefräßiger Kerl«, fuhren sie ihn an, »wie wagst du's, mit deinen Schankhausmanieren die erhabene Tafel zu beleidigen?« Obgleich sie sich mühten, ihre Stimmen zu dämpfen, merkte der Zaddik, was vorging. »Ich habe ein Verlangen«, sagte er, »nach einem guten Rettich. Könnte wohl jemand von euch mir einen verschaffen?« Jäh ergriffen von einer Freude, die seine Beschämung überströmte und begrub, reichte der Rettichesser eine Handvoll Schnitzel Rabbi Wolf hinüber.

Der Meister tanzt mit

An einem Abend des Festes der Freude an der Lehre tanzte der Baalschem selber mit seiner Gemeinde. Er nahm eine Schriftrolle in seine Hand und tanzte mit ihr. Dann gab er die Rolle aus der Hand und tanzte ohne sie. In diesem Augenblick sagte einer der Schüler, der mit den Bewegungen des Baalschem sonderlich vertraut war, zu den Gefährten: »Jetzt hat unser Meister die leibliche Lehre aus der Hand getan und hat die geistige Lehre an sich genommen.«

Der Taube

Der Enkel des Baalschem, Rabbi Mosche Chajim, erzählt: »Ich habe von meinem Großvater gehört: Ein Fiedler spielte einst auf mit solcher Süßigkeit, daß alle, die es hörten, zu tanzen begannen, und wer nur in den Hörbereich der Fiedel gelangte, geriet mit in den Reigen. Da kam ein Tauber des Wegs, der nichts von Musik wußte, dem erschien, was er sah, als das Treiben Verrückter, ohne Sinn und Geschmack.«

Die Kraft der Gemeinschaft

Es wird erzählt: »Einst blieb am Abend nach dem Versöhnungstag der Mond von Wolken verdeckt, und der Baalschem konnte nicht hinausgehen, den Mondsegen zu sprechen. Das bedrückte ihn sehr; denn, wie manches Mal, fühlte er auch jetzt unwägbares Schicksal dem Werk seiner Lippen anheimgegeben. Vergebens richtete er seine tiefe Kraft auf das Licht des Wandelsterns, ihm zur Hilfe, daß er die schweren Hüllen abwerfe; sooft er aussandte, immer hieß es, die Wolken hätten sich noch verdichtet. Endlich verließ ihn die Hoffnung.
Indessen hatten die Chassidim, die von der Kümmernis des Baalschem nicht wußten, sich im äußern Haus versammelt und zu tanzen begonnen: denn so pflegten sie an diesem Abend die durch den hochpriesterlichen Dienst des Zaddiks vollzogene Sühnung des Jahrs in festlicher Freude zu begehen. Als die heilige Lust höher stieg, drangen sie tanzend in die Kammer des Baalschem ein. Bald übermächtigte sie die Begeisterung, sie faßten den verdüstert Sitzenden an den Händen und zogen ihn in den Reigen. In diesem Augenblick erscholl ein Ruf von draußen. Unversehens hatte sich die Nacht erhellt; in nie zuvor gesehenem Glanze schwang der Mond am makellosen Himmel.«

Die Hüter

Es wird erzählt: »In Rabbi Pinchas' Haus wurde einst eine Hochzeit gefeiert. Tage währte der Schmaus, und der Schwarm der Gäste nahm nicht ab; aber all die Zeit entstand kein Schaden, nicht das kleinste Fläschlein zerbrach. Als die Leute sich darüber verwunderten, sagte der Rabbi: ›Was wundert's euch? Die Toten passen gut auf.‹ Jetzt verstand man, warum er während des Tanzens gerufen hatte: ›Tote, ihr habt nichts zu tun, hütet, daß es keinen Schaden gebe!‹«

Durch den Hut

Einst reiste Rabbi Michal in eine Stadt, in der er noch nicht gewesen war. Bald kamen einige von den angesehenen Bürgern der Gemeinde, ihn zu besuchen. Jedem, der zu ihm kam, sah er lang auf die Stirn, dann sagte er ihm die Schäden seiner Seele an und was er tun müsse, sie zu heilen. Es sprach sich herum, ein Zaddik sei hier, der habe die Wissenschaft der Antlitze inne und lese jedem seine Beschaffenheit von der Stirn ab. Die nächsten Besucher rückten den Hut bis auf die Nase. »Ihr irrt euch«, sagte Rabbi Michal zu ihnen. »Ein Auge, das durchs Fleisch dringt, dringt auch durch den Hut.«

Auf zwei Stufen

In der Zeit, da Rabbi Michal als armer Kinderlehrer in der Stadt Brusilow lebte, trug ein Spaßmacher ihm am Freitag gegen Abend folgende Frage vor: »Ein Armer, wieviel Müh' und Trübsal erduldet er doch, bis es ihm gelingt, das für den Sabbat Nötige zusammenzubringen! Der wohlhabende Bürger hingegen, dem bereitet's keinerlei Beschwer. Kommt aber der Sabbat heran und beginnt der Arme im Traktat Sabbat zu lernen, dann liest er zuallererst von den Umständen, unter denen der nehmende Arme sich einer Entweihung des Sabbats schuldig macht, der gebende Bürger aber frei ausgeht. Warum steht doch die Schuld des Armen am Anfang?« Der Spaßmacher hatte nichts anderes als einen Scherz im Sinn; aber Rabbi Michal faßte die Frage in ihrem Ernst auf. »Komm zur Abendmahlzeit zu mir«, sagte er, »bis dahin will ich's überdenken.« Nach dem Mahl widerholte er die Frage und gab diese Antwort: »Die Schuld des Armen steht am Anfang, weil er die Hand heischend ausgestreckt hat.«

Viele Jahre danach weilte einmal Rabbi Mordechai von Neshiz bei seinem Lehrer, Rabbi Michal, dem Maggid von Zloczow, als ein gelehrter und frommer Mann eintrat und um eine Gabe ansuchte. Der Maggid hieß Rabbi Mordechai ihm einen Geldbetrag reichen. Später kam ein Landstreicher von gemeinem Aussehen und begehrte ebenfalls ein Almosen. Rabbi Michal gab es ihm selber. Befragt, warum er sich in den beiden Fällen verschieden verhalten habe, sagte er: »Durch jede Wohltat kann eine heilige Einung entstehen, wenn die Finger des Nehmenden und die Hand des Gebenden einander berühren. Aber ist der Empfänger ein Mensch geringen Wertes, dann ist sie schwerer zu bewerkstelligen.«

Von allen lernen

Man fragte Rabbi Michal: »Es heißt in den Vätersprüchen: ›Wer ist ein Weiser? Der von allen Menschen lernt, wie geschrieben steht: Von all meinen Lehrern habe ich Einsicht erlangt.‹ Warum heißt es dann nicht: Der von jedem Lehrer lernt?« Rabbi Michal erklärte: »Es ist dem Meister, der diesen Spruch gesprochen hat, darum zu tun, daß deutlich werde: nicht von denen allein ist zu lernen, die als Lehrer wirken, sondern von jedem Menschen. Auch von dem Unwissenden, ja auch von dem Bösen, kannst du eine Einsicht erlangen, wie du dein Leben zu führen hast.«

Die Lilith

Es wird erzählt: »Ein Mann, dessen sich die Lilith* bemächtigt hatte, fuhr nach Neshiz, wo er Rabbi Mordechai anflehen wollte, ihn zu befreien. Der Rabbi merkte in seinem Herzen, daß jener unterwegs zu ihm war, und gab in der ganzen Stadt den Befehl aus, am Abend alle Haustüren zu schließen und niemand einzulassen. Als der Mann nachts in die Stadt kam, fand er nirgends Einlaß und mußte sich auf einen Heuschober legen. Schon war die Lilith

* Eine Dämonin, die die Männer zu verführen sucht; die Sage erzählt von ihr als von Adams erster Frau.

da und sprach: ›Komm herunter zu mir.‹ Er fragte sie: ›Weshalb verlangst du das? Sonst pflegst du doch immer zu mir zu kommen.‹ ›Im Heu, auf dem du liegst‹, sagte sie, ›ist ein Kraut, das hindert mich, dir zu nahn.‹ ›Welches ist es?‹ fragte er, ›ich will es hinwegwerfen, und dann wirst du zu mir kommen können.‹ Er zeigt ihr Kraut um Kraut, bis sie sagte: ›Das ist es.‹ Da band er es sich an die Brust und war von ihr befreit.«

Die Pferde

Wenn Rabbi Wolf zu Wagen fuhr, erlaubte er nicht, die Pferde zu schlagen. »Nicht einmal zu schelten brauchst du sie«, belehrte er den Fuhrmann, »wenn du sie nur anzureden verstehst.«

Der Wurm

Rabbi Menachem Mendel sprach: »Ich weiß nicht, worin ich besser wäre als ein Wurm. Ich weiß nicht, daß ich so gut wäre wie er. Seht doch, er tut den Willen seines Schöpfers und verdirbt nichts.«

Die Vogelsprache

Rabbi Pinchas von Korez wollte den jungen Salman, der ihn auf seiner zweiten Fahrt nach Mesritsch aufsuchte, die Sprache der Vögel und die Sprache der Gewächse lehren, er aber wehrte es ab. »Der Mensch braucht nur *ein* Ding zu verstehen«, sagte er.

Im Alter fuhr Rabbi Schnëur Salman einmal mit einem Enkel über Land. Überall hüpften und zwitscherten die Vögel. Der Rabbi hielt eine Weile den Kopf aus dem Wagen. »Wie flink sie reden!« sagte er dann zu dem Kind. »Sie haben ihr eigenes Alphabet. Man braucht nur gut zu hören und gut zu fassen, um ihre Sprache zu verstehn.«

Die Dummheit

Rabbi Ascher, Rabbi Ahrons Sohn, erzählte: »Als ich Rabbi Pinchas von Korez besuchte, meldete ich ihm nicht, wer ich sei; aber er sagte: ›Dein Vater geht hinter dir her.‹ Nach einer Weile fügte er hinzu: ›Dein Vater hat eine Dummheit begangen.‹ Ich erschrak; denn ich wußte: was Rabbi Pinchas von einem Zaddik sagte, und weilte der schon fünfhundert Jahre in der oberen Welt, kommt vor die Ohren des himmlischen Gerichts. ›Die Dummheit‹, fuhr er fort, ›die dein Vater begangen hat, ist, daß er nicht länger am Leben blieb.‹«

Messianisches

Die falschen Messiasse

Ein Ungläubiger hielt einmal dem Berditschewer vor, die großen alten Meister seien auch tief im Irrtum befangen gewesen; so habe Rabbi Akiba an den Empörer Barkochba* als den Messias geglaubt und habe ihm gedient.

Der Berditschewer antwortete: »Einem Kaiser erkrankte einst sein einziger Sohn. Ein Arzt riet, ein Linnen mit einer scharfen Salbe zu bestreichen und es um den bloßen Leib des Kranken zu legen. Ein anderer widersprach, weil der Knabe zu schwach sei, um die heftigen Schmerzen, die die Salbe verursacht, zu ertragen. Der dritte empfahl nun einen Schlaftrunk; aber der vierte befürchtete, er könnte dem Herzen des Kranken einen Schaden zufügen. Da schlug der fünfte vor, man solle den Trunk löffelweise reichen, von Stunde zu Stunde, sooft der Prinz erwache und die Schmerzen spüre. Und so wurde es getan.

* Beiname (»Sternensohn«) des Simon bar Kosiba, des Führers in dem großen Aufstand der Juden gegen Rom unter Hadrian (132-135).

Als Gott sah, daß die Seele Israels krank war, hüllte er sie in das ätzende Linnen der Galut* und legte, daß sie es ertrüge, den Schlaf der Dumpfheit auf sie. Damit aber der sie nicht zerstöre, weckt er sie von Stunde zu Stunde mit einer falschen Messiashoffnung und schläfert sie wieder ein, bis die Nacht vergangen ist und der wahre Messias erscheint. Um dieses Werkes willen werden zuweilen die Augen der Weisen verblendet.«

Vom Messias

Einer fragte den Raw scherzend: »Wird der Messias ein Chassid oder ein Mitnagged sein?«
»Ich denke, ein Mitnagged«, sagte er. »Denn würde er ein Chassid sein, die Mitnaggdim würden ihm nicht glauben. Die Chassidim aber werden ihm glauben, was immer er sei.«

* Exil.

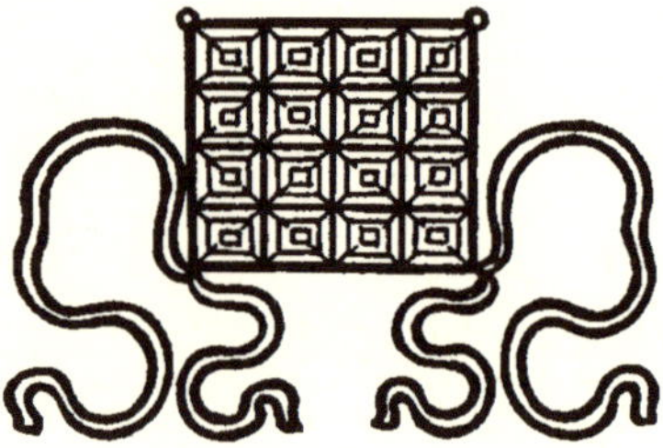

III. Der jüdische Humor in Legenden und Märchen

1. Legenden

Von der Erschaffung der Welt und den Urvätern Abraham und Mose

Abraham erkennt den Allmächtigen

Als Abraham, der Erzvater der Juden, geboren wurde, waren schon viele Jahre der Sintflut vergangen. Die Menschen aber waren nicht besser geworden. Sie beteten Götzen an, und ihren Schöpfer, den einzigen wahren Gott, hatten sie vergessen.
Als Kind mußte Abraham mit seinem Vater Terach in einer Felsgrotte leben, da Nimrod, der grausame König, ihm nach dem Leben trachtete. Die Seher hatten Nimrod prophezeit, daß sein Volk einst in dem der Juden, der Nachkommen Abrahams, aufgehen werde. So wollte Nimrod alle Knaben töten lassen.
Abraham hatte jahrelang kein Tageslicht gesehen, und als er zum ersten Mal die Sonne erblickte, rief er voller Staunen aus:
»So viel Licht kann nur derjenige verbreiten, der die Welt regiert!«
Und Abraham verneigte sich tief vor der Sonne.
Abends jedoch ging die Sonne unter und am Firmament erschien der Mond in Begleitung der Sterne. Da meinte Abraham: »Ich habe mich geirrt. Dieses Licht ist mächtiger. Es ist zwar kleiner und schwächer als das andere, jedoch Myriaden leuchtender Diener begleiten seinen Weg.«
Und Abraham hob die Arme zum Himmel und pries den Mond. In der Morgendämmerung aber verschwand der Mond, und die Sonne ging wieder auf. »Seltsam«, dachte Abraham, »diese beiden müssen einander am Himmel abwechseln. Aus eigenem Willen würden sie das wohl kaum tun. Sicher gehorchen sie einem Un-

sichtbaren, der stärker ist als sie. Sein Antlitz kann man nicht sehen, aber es muß ein erhabener und starker Herrscher sein, dem alles untertan ist.«

So erkannte Abraham den einzigen Gott, aber er behielt seine Gedanken für sich, besonders vor seinem Vater Terach.

Terach betete Götzenbilder an, brachte ihnen Opfer dar und stellte sie auch selbst aus Ton her. Er war ein geschickter Handwerker; die Menschen kauften gern seine Götzenbilder, und Terach hoffte, sein Sohn würde sein Handwerk fortsetzen. Gott aber hatte es anders beschlossen.

Eines Tages mußte Terach verreisen und er vertraute Abraham sein Haus und seine Ware an. Bald nachdem er fortgegangen war, pochte ein Käufer an die Tür. »Was wünschst du?« fragte der junge Abraham. »Meine Frau hat mich geschickt, einen Götzen zu kaufen«, erwiderte der Mann. Da fragte ihn Abraham: »Wie alt bist du?«

»Sechzig Jahre«, erwiderte der Käufer.

»Sechzig Jahre?« lachte Abraham. »Und da willst du einen Götzen verehren, der erst einen Tag alt ist?«

Da schämte sich der Mann und ging nach Hause.

Am nächsten Tag betrat eine Frau mit einer Schüssel Mehl den Laden. »Nimm diese Schüssel Mehl und opfere es dem Götzen.«

»Was für ein Unsinn!« ereiferte sich Abraham. Dann ergriff er ein Beil und zertrümmerte aus Zorn über die menschliche Dummheit die tönernen Götzenbilder. Nur das größte verschonte er und gab dieser Figur das Beil in die Hand und stellte die Schüssel mit dem Mehl zu ihren Füßen ab.

Als Terach von seiner Reise zurückkam und die Verwüstung sah, verlangte er empört eine Erklärung von Abraham.

»Sei mir nicht böse, Vater«, sagte Abraham, »mir ist ein seltsames Ding widerfahren. Vor einigen Tagen hat eine Frau eine Schüssel Mehl gebracht, damit ich sie deinen Götzen opfere. Kaum aber hatten diese das Mehl erblickt, begannen sie zu streiten. Jeder von ihnen wollte als erster essen. Schließlich ergriff der größte ein Beil und begann, die anderen Götzenbilder zu zertrümmern. Das Mehl aber hat er nicht verzehrt. Wenn du es wünschst, Vater, will ich ihn fragen, ob er denn keinen Hunger hat.«

Kaum hatte Terach diese Worte gehört, schrie er erbost:
»Was ist denn das für ein Geschwätz? Wie können denn Figuren aus Ton, die ich mit eigenen Händen geformt habe, Hunger verspüren oder sich gegenseitig zerschlagen?«
»Siehst du, Vater«, lachte Abraham, »du sagst es selbst: Deine Götzen haben Augen, aber sie sehen nicht, sie haben Ohren, aber sie hören nicht, sie haben Nasen, aber sie riechen nicht, sie haben Münder, aber sie können nicht sprechen, sie haben Füße, aber sie gehen nicht! Sie sind nicht mehr als ein Stück Ton, das Menschenhand formen und Menschenhand zerstören kann!«
Da schwieg Terach, weil er keine Worte der Erwiderung fand. Abraham jedoch war frohen Mutes, und seither verbarg er nicht mehr, daß er den einzigen Gott erkannt hatte, den Allmächtigen, der den Himmel und die Erde und auch die Menschen erschaffen hat.

Von den Königen David und Salomon

Das geliehene Ei

David herrschte als König über ganz Israel und übte Recht und Gerechtigkeit an seinem Volke. Er befehligte ein großes Heer und führte siegreiche Kriege.
Einmal, als Davids Soldaten nach einem Feldzug ihre Zelte aufschlugen, bekamen sie gekochte Eier als Mahlzeit. Einer der Soldaten war so hungrig, daß er seinen Teil verzehrt hatte, bevor die anderen sich zu Tisch setzten. Er schämte sich, vor einer leeren Schüssel zu sitzen und bat seinen Freund: »Borge mir doch ein Ei.« »Nimm es dir«, sagte dieser, »aber unter der Bedingung, daß du es mir zurückgibst, wann immer ich es zurückverlange, und mir den vollen Ertrag bezahlst, den es bis dahin eingebracht hätte.«
Ohne zu überlegen nahm der junge Soldat die Bedingung an und verzehrte das Ei.
Die Jahre gingen dahin und die Soldaten Davids marschierten von Ort zu Ort, bis sie wieder einmal nach Jerusalem kamen. Da erin-

nerte der Soldat, der das Ei geliehen hatte, seinen Freund an ihre Vereinbarung und forderte ihn auf, die Schuld zu begleichen. Wie groß aber war dessen Erstaunen, als er erfuhr, daß er viel mehr als ein Ei abzuliefern habe. »Nun gut«, sagte der Schuldner, »wieviel schulde ich dir?« »Rechne es dir aus«, sagte der Gläubiger: »Im Laufe eines Jahres schlüpft ein Küken aus dem Ei, das zu einem Huhn heranwächst. Dieses Huhn bekommt im nächsten Jahr achtzehn Küken und dann haben diese achtzehn Küken jedes wieder achtzehn Nachkommen. Und so geht das Jahr um Jahr. Du schuldest mir also eine sehr große Summe. Wir wollen auf den Markt gehen und fragen, wieviel ein Huhn kostet. Dann können wir die Schuld ganz genau berechnen.«

Als der Schuldner begriff, daß er eine so große Summe nie bezahlen konnte, weigerte er sich, die Forderung anzuerkennen.

So gingen sie zu König David, damit er ihren Streit entscheide, wie es damals Brauch war.

König David hörte die Parteien aufmerksam an. Da der Schuldner nicht bestreiten konnte, die Bedingung, unter der ihm das Ei überlassen worden war, angenommen zu haben, entschied König David den Streit zugunsten des Gläubigers. Auf den Stufen begegnete der Schuldner dem jungen Salomon, König Davids Sohn, der dort zu sitzen pflegte, wenn sein Vater Recht sprach. Als Salomon den Unglücklichen fragte, was ihm widerfahren sei, vertraute ihm der Soldat die Geschichte mit dem geliehenen Ei an. Da lächelte der Jüngling ermunternd und gab dem Soldaten einen Rat. Dieser tat, wie ihm geheißen, und eilte zu einem Acker, an dem die Soldaten König Davids vorbeizuziehen pflegten.

Wie Salomon ihm geraten hatte, nahm er ein Maß gekochter Bohnen mit aufs Feld, und als er die Soldaten kommen sah, warf er die Bohnen in die Furchen.

»Was machst du da?« fragten sie.

»Ich säe gekochte Bohnen!« antwortete der Schuldner.

Der Prophet Elija

Elija

Rabbi Elimelech sagte von einem, der Prophet Elija erschiene ihm. Ein andrer wunderte sich, wie dies möglich sei, da sogar dem Meister Ibn Esra*, einem Geist so viel höherer Sphäre, die Erscheinung des Propheten, wie man aus seinen eigenen Worten entnehmen kann, versagt geblieben sei. »Du redest wahr«, sprach der Zaddik, »und doch ist es so, wie ich gesagt habe. Du weißt, daß Elija nach seiner Entrückung der Engel des Bundes geworden ist und jeder Beschneidung eines jüdischen Knaben beiwohnt. Wie kann dies aber sein, da die Beschneidungen jeweilig zur gleichen Stunde nach dem Beten vollzogen werden, viele zugleich an allen Enden der Erde? Das will ich dir sagen. Weil Elija alles Volk Israel mit dem Geist der Umkehr schlug, daß es aufs Angesicht fiel und den wahren Gott ausrief, darum wurde ihm die Allseele Israels verliehen. So ist, wo immer ein Knabe zum Bunde dargebracht wird, ein Teil von Elijas Seele zugegen und geht in das Kind ein, nach dessen Art und Wurzel ein großes oder kleines Teil. Und bildet der aufwachsende Knabe seine Elijaseele zur Gestalt, dann erscheint ihm der Elija, der in ihm war. So hat der Mann, von dem ich sprach, das geringe Teil des Propheten, das in ihm ruhte, durch seine guten Werke zur Offenbarung gedeihen lassen. Ibn Esra aber hatte nicht die Kraft, das große, das ihm beigegeben war, zu vollenden.«

Elimelech von Lisensk

* Abraham Ibn Esra von Toledo (gest. 1167), ein bedeutender Exeget, Religionsphilosoph und Dichter.

2. Märchen

Das Paradies auf Erden

Was macht Gott den ganzen Tag?

Es war einmal ein armer Mann, ein Bettler, der kam zu unserem Lehrer Mosche und sprach: »Unser Lehrer und Prophet Mosche! Warum hat es der Himmel über mich verhängt, daß ich mich den ganzen Tag herumtreiben und betteln muß, und mich und meine Familie nur mühselig ernähren kann, während andere Leute angenehm leben, nicht in Not sind und sich anständig ihren Unterhalt verdienen? Bitte, willst du für mich zu Gott beten, damit auch er mir einen ordentlichen Erwerb gibt, so daß ich mit meiner Familie anständig leben kann?«

Unser Lehrer Mosche befolgte die Bitte und betete zu Gott: »Bitte, gib auch diesem Armen einen guten Verdienst wie allen Juden. Warum ist dieser Jude dazu verurteilt, sein Brot für sich und seine Familie so schwer zu erwerben?« Als er sein Gebet beendet hatte, hörte er eine Stimme vom Himmel rufen: »Mosche, misch dich nicht in Angelegenheiten, die dir fern sind! Laß diesen Armen; er soll weiter so leben, und das wird zu seinem Besten sein!« Aber Mosche war nicht überzeugt und flehte zu Gott, Er möge ihn doch erhören und es ihm zuliebe tun. Auf soviel Bitten und Flehen hin erhörte Gott Mosches Gebet. Innerhalb weniger Tage wurde der Arme reich, er fand einen großen Schatz und wurde ein sehr wohlhabender Mann.

Aber damit begnügte er sich nicht. Wiederum wandte er sich an Mosche: »Geh, bitte, zu Gott und sage ihm, er soll mich zu einem großen Minister in der Regierung machen.« So betete Mosche wiederum und bat Gott, den Armen zu einem großen Minister in der Regierung zu machen, wie dessen Ehrgeiz es anstrebte. Wahrhaftig, Gott erhörte Mosches Bitte, und kurze Zeit danach erwählte ihn der König und machte ihn zu einem großen Minister in seinem Reich.

Nach einem Jahr aber wandte sich der Arme wieder an Mosche und sagte zu ihm: »Mosche, du Prophet, ich habe dieses Amtes schon ein ganzes Jahr gewaltet. Jetzt verlangt es mich danach, König zu werden. Vielleicht erbittest du von Gott, mich zum König dieses Landes zu machen?« Und nachdem Mosche gebetet und gefleht hatte, Gott möge aus diesem Armen den König des Landes machen, erhörte Gott Mosches Bitte: Der Mann wurde wirklich König über das Reich, nachdem das Volk den vorigen König verstoßen und den früheren Bettler einstimmig zum König erwählt hatte.

Obwohl er nun König war, war er nicht glücklich und zufrieden, und nach wenigen Monaten wandte er sich wieder an Mosche und sagte: »Mein Prophet Mosche, du hast mir soviel Gunst erwiesen, daß ich sie nie vergessen werde. Jetzt komme ich zu dir mit einer einzigen Bitte, und ich hoffe, auch diese wirst du erfüllen: Ich möchte mit eigenen Augen sehen, was dein Gott im Himmel den ganzen Tag lang macht. Das ist alles, was ich will.« Als Mosche diese Bitte hörte, lief er hinaus und betete zu Gott: »Du weißt, o Herr, dieser Mann, der durch Dein Tun König geworden ist, er wünscht sich jetzt, mit eigenen Augen zu sehen, was der Schöpfer der Welt den ganzen Tag lang tut.«

Bevor er noch ein weiteres Wort sagen konnte, hörte er eine Stimme rufen: »Mosche, deinetwillen habe ich deine Bitten erfüllt; habe ich dich denn nicht von vornherein davor gewarnt, dich in meine Angelegenheiten zu mischen? Ich habe mein Volk geschaffen, und ich werde jeden entsprechend seinem Verstande ernähren. Ich teile jedem zu, was ihm gebührt, aber ich wollte, daß du selbst den Übermut der Menschen mitansiehst, damit du nicht noch einmal für jemand anderen etwas von mir erbittest. Geh also jetzt zu ihm und sage ihm, morgen früh kann er mit eigenen Augen sehen, was ich den ganzen Tag tue.«

Mosche ging zu dem Mann und verkündete ihm, am nächsten Morgen würde er mit eigenen Augen sehen können, was der Schöpfer der Welt den ganzen Tag lang tut. Als der König diese Worte von Mosche hörte, freute er sich über alle Maßen.

Der König schlief in dieser Nacht tief und fest. Als er am frühen Morgen die Augen aufschlug, fand er sich in den Kleidern der Armut auf einer Matratze auf dem Boden liegend in der Ecke der armseligen Hütte, in der er früher gewohnt hatte. Und in der ande-

ren Ecke der Hütte lag seine Frau mit den Kindern, alle in Lumpen gehüllt. »Was ist mit mir geschehen?« schrie der Arme. »Ist das ein Traum? – Nein, keinesfalls! Gestern war ich König und schlief mit meiner Frau und meinen Kindern in einem Palast. Was soll das? Wer hat mich hierher gebracht?«
Er lief hinaus, suchte und suchte und fand schließlich Mosche. Er warf sich zu dessen Füßen und sagte: »Unser Lehrer und Prophet Mosche, was hat Gott mir angetan? Mach mich wieder zu dem, was ich war! Warum hat Er das getan?«
»Keineswegs«, sagte Mosche, »unser Gott hat dich nicht so verwandelt. Du selbst hast Ihn gebeten, dich mit eigenen Augen sehen zu lassen, was er den ganzen Tag lang macht. Er hat deine Bitte erfüllt und hat dir sein Werk gezeigt. Den ganzen Tag lang läßt er die einen Menschen zum Reichtum aufsteigen, und die anderen läßt er auf die niedrigste Stufe sinken. – Das ist seine Arbeit den ganzen Tag lang.«

Warum ist der Tischler froh?

Es gingen einmal ein König und seine Ratgeber auf die Jagd. Unterwegs kamen sie am Markt vorbei und beobachteten die Leute. Ein Tischler sitzt gemächlich da, mit übergeschlagenen Beinen, und kratzt sich mit einer ganz scharfen Axt den Kopf. Dabei arbeitet er die ganze Zeit. Der König und sein Ratgeber schauen dem Tischler zu und sehen, wie sich der Mann das Haar kratzt, ohne daß die scharfe Axt die Haut verletzt.
Der König meinte: »Der Tischler dort ist ein ausgezeichneter Meister; sieh mal, wie er sich nicht den Fuß verletzt.« Aber der Ratgeber behauptete: »Nein, das ist kein erstklassiger Handwerker. Er verletzt sich nicht den Fuß, weil er immer vergnügt und froh ist und sich wohl fühlt. Fühlte er sich schlecht und wäre er traurig, dann würde er sich gewiß verletzen.«
Der König stimmte den Worten seines Ratgebers nicht zu. Abends kamen sie beide von der Jagd zurück, aber sie konnten sich den Tischler nicht aus dem Kopf schlagen.

Am nächsten Tag ging der Ratgeber auf den Markt, und da sitzt der Tischler und kratzt sich mit seiner scharfen Axt den Kopf. Er fragte die Leute: »Wo wohnt dieser Tischler?« Die Leute gaben ihm seine Adresse. Der Ratgeber zahlte einer alten Frau etwas dafür, daß sie ins Haus des Tischlers geht und seine Frau gegen ihn aufhetzt.
Die Alte kam zum Haus des fröhlichen Tischlers und klopfte an die Tür. Eine Stimme fragte von innen: »Wer ist dort?« Die Frau des Tischlers kam zur Alten hinaus. Die Alte bemerkte, daß das Haus schön, sauber und ordentlich, die Frau des Tischlers schön war und wohlriechende Speisen zubereitete. Sie verstand, daß der Tischler seine Frau liebte und sie ihn gleichfalls. Sie fragte: »Wo ist dein Mann?«
»Er ist jetzt auf dem Markt. Am Abend bringt er seinen Tagesverdienst, und dann sind wir beide froh und glücklich.«
»Und wann kommt er nach Hause?«
»Am Abend.«
»Du sollst nur wissen,« flüsterte die Alte, »dein Mann geht nach...; aber wirklich, ich sollte dir nichts sagen. Da ist nicht alles in Ordnung.«
Die Frau des Tischlers sprang auf: »Was? Wie? Wohin geht er? Wo geht mein Mann hin?«
Die Alte tat, als ob sie ein großes Geheimnis verriete, und stocherte und stotterte: »Ich habe ihn ein oder zweimal in ein bestimmtes Haus gehen sehen, aber wahrhaftig, ich sage gar nichts weiter, ich will dir nicht mehr sagen. Warum soll ich Euch das Leben vergällen?«
»Ah, jetzt verstehe ich, warum er immer glücklich und singend nach Hause kommt. Er soll nur heut' abend kommen; einen schönen Empfang wird er kriegen!« rief die Frau des Tischlers. Die Alte verlangte, daß die Frau nicht verraten solle, wer ihr das Geheimnis entdeckt habe, und sie schwor es.
Am Abend klopft der Tischler an der Tür seines Hauses – keine Antwort! Er klopft zum zweiten und dritten Mal – keine Antwort! »Was ist mit meiner Frau geschehen?« denkt er sich. Immer läuft sie mir entgegen, wenn sie mich klopfen hört, und öffnet die Tür. Beide sind wir froh, singen und essen unsere Mahlzeit und freuen uns. Und jetzt? Was ist hier vorgefallen? Wieder und wieder klopft

er an die Tür, bis er aus lauter Sorge um seine Frau die Tür mit der Axt einschlägt und hineinläuft. Was sieht er da? Seine Frau liegt in Kleidern auf dem Bett und weint und schluchzt. Er erschrak: »Du! Frau! Was ist mit dir geschehen? Warum weinst du?« Die Frau springt vom Bett und schreit: »Du wagst noch zu fragen, warum ich weine? Du gehst zu einer anderen Frau, und nachher kommst du von dort, um hier bei mir zu essen und zu trinken und dich über mich lustig zu machen? Geh weg von hier! Mach, daß du rauskommst, auf der Stelle!«

»Frau, was ist dir denn widerfahren?« fragte da der Mann entsetzt. Die Frau schreit weiter: »Denkst du, ich weiß nicht, daß du eine andere Frau hast, und daß du jeden Tag zu ihr gehst? Raus aus meinem Haus!«

Der Tischler verließ das Haus, und die ganze Nacht wanderte er in den Straßen herum, weinend und trauernd.

Am nächsten Tag kam er wie immer auf den Markt, und wieder versucht er, sich mit der scharfen Axt zu kratzen. Der König und sein Ratgeber sahen ihn, wie er dasitzt und weint, und von seinem Fuß triefte nur so das Blut. Der Tischler aber bemerkte es gar nicht, daß er sich verletzt hatte. Da sagte der Ratgeber zum König: »Da siehst du nun, mein Herr und König, ich habe dir gesagt, daß dieser Tischler kein großer Meister ist. Wenn er sich gut fühlt, wenn er vergnügt und froh ist, dann arbeitet er so, daß ihn die Axt nicht verletzt. Wenn er aber traurig und voll Schmerz ist, so gelingt ihm das nicht.«

»Woher weißt du das?«

Der Ratgeber erzählte, wie er die Alte gemietet hatte, und warum der Tischler weinte.

Da befahl der König: »Schicke sofort die Alte ins Haus des Tischlers, um dort den Frieden wiederherzustellen!«

Die Alte ging ins Haus des Tischlers zurück, erzählte, was zu erzählen war, und stiftete wieder Frieden zwischen dem Tischler und seiner Frau. Jetzt sitzt der Tischler wiederum auf dem Markt, kratzt sich mit seiner scharfen Axt den Kopf und tut sich nicht weh. Sein Mund ist voller Lieder und Lobgesang, und sein Herz ist froh und wohlgemut.

Wie kommt man geraden Wegs ins Paradies?

Da war einmal ein Heiliger (so ein Scheich, der Wunder vollbringt), und bei ihm lebte ein Derwisch. Die zogen von Ort zu Ort und begnügten sich mit dem, was die Gläubigen ihnen gaben. Da kamen sie zu einem Dorf, wo alles billig war: das Maß Zucker – einen Groschen, das Maß Brot – einen Groschen und das Maß Sauermilch – auch einen Groschen. Der Derwisch sagte zu dem Heiligen: »Hier ist alles billig, bleiben wir doch hier.« Der Heilige aber sagte: »An einem Ort, wo alles billig ist, ist es nicht gut, sich niederzulassen.« Aber jener sagte: »Hier ist es mir bequem und ich will bleiben.« Am Eingang der Stadt floß ein Fluß mit Süßwasser vorbei, er erwählte diesen Platz für sich. Der Heilige sagte: »Wenn das so ist, gebe ich dir hier ein Amulett.« Er schrieb ein paar Zeilen darauf und sagte: »Wenn du in Not bist und mich brauchst, verbrenne das; dann werde ich zu dir kommen.«

Der Derwisch blieb an diesem Ort. Jeden Tag ging er ein paar Stunden arbeiten und verdiente drei Groschen, dafür kaufte er Brot, Zucker und Sauermilch. Er aß, trank Wasser vom Fluß und schlief unter dem Baum am Fluß. So tat er tagein, tagaus. Einige Zeit ging dahin, und vor lauter Nichtstun und Ruhe wurde der Derwisch dick und fett.

Eines Tages geschah es, daß ein Dieb in der Staatskasse einbrach und stahl; seine Spuren waren verschwunden. Ein andermal brach der Dieb in einem Haus ein. Aber die Mauer brach unter ihm zusammen, und der Dieb fiel und kam um. Man meldete der Polizei, daß der ungebetene Gast etwas aus dem Haus entwenden wollte und er, da die Mauer baufällig war, gefallen und dadurch erschlagen worden war. Da lud man den Hausherrn vor, sich zu rechtfertigen. Warum ist dein Haus nicht fest? Der Unglückliche war sicherlich hungrig gewesen, wollte etwas für sich und die Seinen nehmen – und nun ist er gestürzt und gestorben. Den Hausherrn müsse man aufhängen. Der Hausherr führte an; »Ich bin nicht schuld; ich habe den Bau dem Baumeister übertragen, der hat nicht gut gebaut, darum ist das Haus eingestürzt.«

Man holte den Baumeister und befragte ihn: »Warum hast du nicht fest gebaut?«
»Ich bin nicht schuld«, sagte dieser, »als ich am Bauen war, hat sich gegenüber ein Mädchen gerade vor dem Fenster herausgeputzt. Das hat mich abgelenkt, darum habe ich nicht gut gebaut.«
Man schickte nach dem Mädchen – die wollte man nun hängen. Diese aber sagte: »Jeden Tag mache ich mich für meinen Freund schön; aber der hatte sich verspätet – also trifft mich keine Schuld.«
Man schickte, um den Jüngling zu bringen. Der wußte nichts zu erwidern; man schleppte ihn also auf den vorgesehenen Platz, um ihn aufzuknüpfen.
Unterwegs kam man am Fluß vorbei, dort, wo der Derwisch lag. Der Jüngling führte nun an: »Ich bin doch noch so jung und habe noch nichts vom Leben gehabt, und außerdem wartet ein Mädchen darauf, daß ich sie heirate. Und da liegt nun dieser Mensch herum, der zu nichts nütze ist.«
Da ließ man den Jüngling frei und ergriff den Derwisch. Man schleifte ihn zum Galgen. Bevor man ihn aber hängte, fragte man ihn: »Was ist dein letzter Wunsch?« Er sagte: »Ich will beten und die Wasserpfeife rauchen.« Man brachte ihm eine; er ging zur Seite, betete und zündete sie an und ebenfalls das Amulett, das der Heilige ihm gegeben hatte. Im selben Augenblick erschien auch schon der Heilige, sah, daß der Galgen bereitstand und man seinen Schüler, den Derwisch, hängen will. Da lief er in Richtung des Galgens, schob das ganze Volk beiseite und rief: »Ich will aufgehängt werden! Wer jetzt gehängt wird, kommt schnurstracks ins Paradies.« Der Henker hörte das und sagte: »Warum soll ein anderer ins Paradies kommen? Ich selbst will das Recht darauf erwerben!« Das hörte der Kommandant der Wache, drängte alle beiseite und sagte: »Nur ich habe das Recht, ins Paradies zu kommen!« So drängte sich jeder vor, bis ein großer Tumult entstand.
Der König saß in seinem Palast, mit dem Fernglas in der Hand, und schaute auf den Galgenplatz hinüber. Da sah er den Derwisch, den Heiligen und den Henker miteinander streiten und den ganzen Auflauf ringsherum. Er schickte aus, um erkunden zu lassen, was

das zu bedeuten habe. Man berichtete ihm: »Wer jetzt gehängt wird, kommt direkt ins Paradies.« Da rief der König: »Warum soll jemand anderer ins Paradies kommen und nicht ich?« So kam auch der König in eigener Person auf den Galgenplatz. Und unter großen Ehrenbezeugungen hängte man ihn auf, anstelle des Bauherrn, der nicht gut gebaut hatte, und um des Diebes wegen, der gefallen war und dessen Tod verursacht wurde. Den König schickte man schnurstracks ins Paradies, aber bisher ist er dort noch nicht angelangt. Wahrscheinlich hat ihn jemand dort aufgehalten und ist an seiner Stelle dort hingegangen.

Ein Palast für Lügen

Es war einmal ein reicher Muselmann, der spürte, daß seine Tage gezählt waren. Er rief seine drei Söhne und teilte unter ihnen sein Vermögen in gleichen Teilen auf. Der Kaufmann starb. Die Brüder trennten sich und jeder ging seines Weges.

Der erste Bruder kam in eine Stadt, in der es schöne Paläste gab. Auf einem von ihnen war ein Schild mit schönen leuchtenden Buchstaben angebracht: »Wer hereinkommt und Lügenmärchen zu erzählen weiß, die noch niemand erzählt hat, soll diesen Palast als Geschenk bekommen. Wenn er aber eine Geschichte erzählt, die schon ein anderer erzählt hat, wird er sein Geld verlieren.«

Der erste Bruder überlegte nicht lange, ging in den Palast und teilte mit: »Ich bin gekommen, um Lügenmärchen zu erzählen.«

Der Herr des Palastes war einverstanden. »Erzähle!« sagte er. Der Bruder erfand verschiedene und merkwürdige Lügen. Aber der Palastherr behauptete, die hätte er alle schon gehört. Er nahm dem Bruder all sein Geld ab und warf ihn hinaus.

Der zweite Bruder kam in dieselbe Stadt, und auch er wollte sehr gern den Palast gewinnen. Er ging hinein und erzählte eine Menge Lügen, aber zu seinem Bedauern brachte er auch nichts Neues. »Das habe ich alles schon gehört«, antwortete der Palastherr auf jede Geschichte. Auch er wurde, ohne einen Pfennig in der Tasche, hinausgeworfen.

Der jüngste Bruder hörte, wie bitter das Schicksal es mit seinen Brüdern getrieben hatte, und beschloß, den Palast zu gewinnen. Wie stellte er das an? Er ging hinein und sagte: »Ich will eine Lüge erzählen.«

»Erzähle!« willigte der Besitzer des Palastes ein. Da begann der jüngste Bruder zu erzählen:

»Als mein Großvater noch auf allen vieren kroch, war meine Mutter schwanger. Sie rannte auf den Treppen, stolperte, fiel hin und brach sich das Bein. Da kam ich aus ihrem Leib, lief und holte einen Arzt. Der Arzt kam und ordnete an, man soll der Kranken ein Ei bringen. Ich ging in den Laden, fand ihn aber voller Leute. Ich wollte nicht warten, ergriff schnell ein Ei und rannte nach Hause. Unterwegs fiel mir das Ei aus der Hand. Aus dem Ei kroch ein Hahn raus und begann zu laufen. Ich lief hinterher und wollte ihn fassen, aber meine Mühe war vergebens; der Hahn entfernte sich mehr und mehr von mir, bis er zum Meeresufer kam. Kaum hatte ich noch Atem, um dorthin zu gelangen – sah mich der Hahn, und er lief ins Wasser. Es blieb mir nichts übrig, als meine Kleider abzuwerfen und auch ins Wasser zu steigen. Viele Leute gingen zu ihrem Vergnügen am Strand spazieren, und ich hatte Angst, sie werden mir die Kleider stehlen. Da schnitt ich mir den Kopf ab und ließ ihn da, um meine Kleider zu hüten, – und den Kleidern befahl ich, meinen Kopf zu hüten.

Nochmals ging ich ins Wasser und setzte meine Jagd auf den fliehenden Hahn fort. Plötzlich tauchte aus dem Wasser eine ganze Stadt auf, voll schöner Häuser und Gärten voller Blumen. In den Gärten standen Leute und pflückten Blumen. Zu denen ging ich, streckte ihnen die Hände entgegen und bat sie um Hilfe bei meiner Hahnenjagd. Was aber sah ich? Ich hatte gedacht, das waren Leute, die mir bei meinem Nachstellen helfen würden – aber das waren alles Kuchen. Ich aß davon eine Menge, suchte dann aber Menschen, die mir helfen könnten, dem Ausreißer, dem Hahn, nachzulaufen. Da fand ich einen schönen Palast, ging hinein und sah den König auf einem goldenen Thron sitzen; der lange Bart des Königs war aus Halwa* gemacht. Etwas von dem Bart legte ich frei

* Orientalische Süßigkeit aus zerstoßenem Sesamsamen und Honig.

und aß es. Was soll ich dir sagen? Mein Lebtag habe ich noch keine bessere Halwa gegessen. Noch bin ich dabei, mir den Bart des Königs schmecken zu lassen, da höre ich von allen Seiten Geschrei: ›Wer ist dieser Mensch, der da gewagt hat, in unsere Stadt einzudringen?‹ Man ergriff mich und fragte mich aus, was ich dort zu suchen hätte. Ich sagte: ›Ich bin hinter einem großen Hahn hergerannt, der mir weggelaufen ist – und dabei bin ich hierher gekommen.‹ Ich gab ihnen das Versprechen, ich werde den Hahn zu gleichen Teilen mit ihnen aufteilen, wenn sie die Güte hätten, mir zu helfen, ihn einzufangen. ›Einverstanden!‹ riefen sie alle. Gleich ging nun die gemeinsame Jagd auf den Hahn los; so wurde er gefangen und mir übergeben. Ich nahm ihn und kehrte zum Strand zurück. Was aber sah ich dort? Mein Kopf, den ich dagelassen hatte, um auf meine Kleider aufzupassen, hatte sich in eine riesige Wassermelone verwandelt, die Kleider dagegen in große Körbe und der Hahn, den ich an beiden Beinen gebunden auf die Erde gelegt hatte, war in einen Esel verwandelt worden.

Die Wassermelone legte ich in einen der Körbe und die lud ich auf den Esel, um sie auf dem Markt zu verkaufen. Wie ich dorthin komme, umringten mich viele Käufer, die die Melone von mir ›messergeschnitten‹ verlangten, das heißt, ich mußte ihnen zuerst zeigen, ob die Melone gut ist. Ich nahm also ein Messer, um die Melone aufzuschneiden, aber das Messer fiel in die Melone. Ich sah hin und fand, daß die Öffnung in der Melone sehr tief war, und ich lief, eine Leiter zu holen. Diese Leiter – drei Meter war sie lang – steckte ich in die Melone, sie gelangte aber nicht bis unten. So mußte ich diese Leiter herausziehen, holte noch eine zweite und band die beiden Leitern aneinander, steckte sie in die Melone, aber auch das reichte nicht bis auf den Grund. Ich brachte eine dritte Leiter, band auch die an, steckte nun die dreiteilige Leiter in die Melone. Wieder kam ich nicht bis unten hin und mußte noch eine Leiter bringen, zog die anderen heraus und band die vierte daran. Ich steckte sie hinein, kam nicht bis zum Boden und mußte sie herausziehen...«

»Genug, genug!« rief der Palastbesitzer, »ja, du kannst richtig lügen! Der Palast ist dein!«

IV. Der jüdische Humor in Geschichten und Erzählungen von den jüdischen Festen

Schabbat

Scholem Asch

Menschen und Götter

Golde, die Fischhändlerin, bewohnte zusammen mit der Christin Antonie ein halbzerfallenes Häuschen drüben hinter dem Flusse, nahe der Stelle, wo die Weiber Wäsche waschen. Beide waren seit Jahren Witwen, und beider Kinder waren schon längst von ihren Müttern fort in die Fremde gezogen.

Goldes ältester Sohn, Chajim, der Gamaschenmacher, kam zu den Feiertagen aus Lódz, wo er zuletzt gearbeitet hatte, nach Hause und begann bald nach seiner Ankunft geheimnisvoll mit Antoniens Sohn Antek, dem Schreiner, zu tuscheln. Die Feiertage gingen zu Ende, doch Chaijm machte noch immer keine Anstalten, zu seinem Meister nach Lódz zurückzukehren. Er lungerte im Hause und vor dem Hause herum; seine Mutter begann schon das Brot vor ihm zu verschließen, und zwischen Mutter und Sohn gab es öfter Streit. Und eines Abends waren die beiden jungen Leute, Chajim und Antek, plötzlich verschwunden. Man suchte sie überall – sie waren wie von der Erde verschlungen. Die Jüdin schimpfte auf dic Christin und die Christin auf die Jüdin. Die eine sagte: »Dein Sohn hat den meinigen verführt!« Und die andere behauptete das Gegenteil. An einem schönen Sommermorgen stehen sie beide vor ihrem Häuschen, rühren sich je ein Viertelpfund Mehl in die Frühstückssuppe und schütten voreinander das Herz aus:

»Wo können sie jetzt sein?«

»Sind wohl beide im Meere ertrunken.«

»Da soll man Kinder großziehen, damit die Fische sie fressen!«

»Vielleicht sind sie noch am Leben?« versucht sich die Jüdin Mut zu machen.
»Vielleicht sind sie wirklich am Leben!« meint auch die Christin.
»Und vielleicht haben sie ihr Glück gemacht?«
»Und haben schon einige Häuser und Felder?«
»Und werden ihren armen Müttern im Alter helfen?«
Plötzlich kommt Chanele, die Briefträgerin, vorbei:
»Goldele! Goldele! Ihr habt einen Brief! Möge es eine gute Botschaft sein!«
»Woher kommt der Brief?«
»Es ist ein Schiffchen drauf. Der Brief kommt wohl von jenseits des Meeres.«
Und sie gab ihr den Brief. Auch die Christin bekam einen Brief.
Sie entfalten die Briefe. In jedem Brief steckt eine Photographie.
Zwei vornehme Herren mit steifen Hüten halten in der linken Hand Spazierstöcke und schütteln einander die Rechte.
Die Frauen schauen die Bilder an. Sind sie es, oder sind sie es nicht? Sie sehen so verändert aus, kaum zu erkennen.
»Mein Chajim!« sagt endlich die Jüdin schluchzend.
»Mein Blut, mein Fleisch!« weint die Christin.
Als die erste Aufregung vorüber war, betrachteten sie aufmerksamer ihre wiedergefundenen Söhne. [...]
Beide Frauen gingen am selben Tag noch auf die Friedhöfe, um ihren Männern zu berichten, daß ihre verlorenen Söhne sich gemeldet und ihre alten Mütter nicht vergessen hätten.
So lebten die beiden Frauen viele Jahre nach dem Tode ihrer Männer und auch viele Jahre vor dem Tode ihrer Männer in engster Nachbarschaft, in dem halbzerfallenen Häuschen jenseits des Flusses, nahe der Stelle, wo die Weiber Wäsche waschen. Das Häuschen war gemeinsamer Besitz des Juden und des Christen; Gott allein weiß, wie sie dazu gekommen waren. Man sagt, das Häuschen hätte einmal einem Geistlichen gehört, und dieser Geistliche hätte sechs Erben hinterlassen. Und als die sechs Erben die Erbschaft unter sich aufteilten, stellte sich heraus, daß einer von ihnen dem Juden etwas schuldete; kurz und gut, der Jude bekam für die Schuld die Hälfte des Häuschens. Das Häuschen bedurfte unbe-

dingt einer Brandmauer, denn das Regenwasser, das von dem viel höheren Nachbarhause auf das Dach herunterlief, drohte das ganze Häuschen, dessen Wände viel zu schwach waren, einzudrükken. Der Christ schlug dem Juden nochmals vor, er möchte die nötigen Materialien anschaffen, dann würde er selbst die Mauer hochziehen. Dem Juden fehlten aber die Mittel. Aus seinem Anteil am Häuschen nahm der Jude das nötige Geld, um seine beiden Töchter zu verheiraten. Diese waren inzwischen mit ihren Männern ausgewandert: die eine nach Südafrika, die andere nach Kanada – und das Häuschen stand noch immer ohne Brandmauer da. Doch der Christ ließ sich Zeit, und wo er nur einen zufällig liegengebliebenen Ziegelstein fand, schleppte er ihn nach Hause. Und als er eine ordentliche Menge Baumaterial beisammen hatte, errichtete er in seiner Hälfte des Häuschens eine Brandmauer und neigte bei dieser Gelegenheit die Dachrinne des Nachbarhauses auf die Dachhälfte des Juden. Und wenn es nun regnete, floß das ganze Wasser auf die jüdische Hälfte herunter; die dünnen Wände der Judenwohnung bogen sich noch mehr, und es floß obendrein so stark durch das Dach, daß man auf Betten, Tische und Schränke Töpfe, Teller, Becken und Schüsseln stellen mußte, um das Wasser aufzufangen.

Doch im allgemeinen lebten Christ und Jude friedlich nebeneinander. Selbst ihre Streitigkeiten verliefen friedlich. Sie zankten sich oft, wurden aber bald danach wieder gute Freunde. Auch die beiden Frauen lebten im Frieden. [...]

Doch die Götter der beiden Nachbarinnen konnten unmöglich im Frieden miteinander leben und stifteten oft zwischen den beiden Frauen Krieg.

Wenn der eine Gott einen Festtag hatte, wollte es ihm der andere nicht gönnen. Das ganze Jahr lebten die beiden Frauen in schönster Eintracht; doch wenn die Christin einen Feiertag hatte, zum Beispiel Weihnachten, und aus ihrer Wohnung der Geruch der neun Weihnachtsspeisen drang, rümpfte die Jüdin die Nase... Und wenn zu der Christin der Geistliche ins Haus kam, um die Stube mit Weihwasser zu besprengen, pflegte die Jüdin ihre Kinder in der Wohnung einzusperren und sie nicht eher herauszulassen, als bis

der Geistliche wieder fort war. Und wenn sie den gebratenen Schweinekopf sah, aus dessen Augenlöchern irgendein grünes Kraut herausschaute, wurde es ihr übel, und sie spuckte den ganzen Tag. [...]
Nun konnte das Dach über dem jüdischen Teile des Häuschens dem aus der Dachrinne des Nachbarhauses ständig fließenden Regenwasser nicht länger standhalten; es stürzte zusammen und lag platt auf den vier Wänden, die bei der leisesten Berührung gleichfalls einzustürzen drohten. Auch der Schornstein war eingestürzt, und der Ofenrauch füllte die ganze Stube. Das ganze Einkommen Goldes bestand aus dem halben Rubel, den ihr der Vater eines ihrer Schwiegersöhne und ihr gewesener Kompagnon, Reb Matisjohu Chren, gleichsam als ihren Anteil am Geschäftsgewinn wöchentlich ausbezahlte (obwohl sie schon längst kein Geld mehr im Geschäft stecken hatte; bei den Fischhändlern ist es nämlich Sitte, der Witwe eines verstorbenen Kompagnons lebenslänglich eine Art Rente zu zahlen). Und von diesem halben Rubel mußte sie sich Brot und Milch und etwas Fleisch zum Sabbat kaufen und zehn Kopeken in der Woche der Krämerin Chanele abgeben als Ratenzahlung für die Leinwand, die sie sich für ihre Sterbegewänder angeschafft hatte ... Als das Dach zusammengefallen war, lebte sie noch den Rest des Sommers, so gut es ging, in ihrer Wohnung; doch als der Winter kam und es recht kalt wurde, konnte sie in ihrer Stube nicht mehr bleiben. Sollte sie vielleicht zu Reb Matisjohu Chren ziehen, damit dessen beinahe achtzigjährige Frau Blümele die Schadenfreude erlebte und sagen könnte: »Nun ist Golde doch an meinen Tisch gelangt!«? Es blieb Golde also nichts anderes übrig, als für den Winter zu ihrer Nachbarin zu ziehen. Diese war zwar eine Christin, doch ein guter Nachbar ist immer besser als ein ferner Verwandter.
Die Christin nahm sie mit großen Ehren auf und räumte ihr den Winkel beim Ofen ein. Viel Hausrat brauchte Golde nicht mitzunehmen: die Winterbettdecke, die beiden Sabbatleuchter, das Schränkchen, den türkischen Schal, die Sabbathaube und die kleine Kommode.

So lebte die Jüdin im Winkel beim Ofen. Und im Winkel am Fenster, wo das Bett der Christin stand, hing ein Heiligenbild, vor dem ständig ein Lämpchen brannte.
Die Jüdin scheut sich in diesen Winkel zu blicken, wo das Heiligenbild hängt. Sie will nicht mit den Augen sündigen ..., sie fürchtet, mit Blindheit gestraft zu werden ... Und es ist ihr, als ob der Dornenkranz des Heilands auf dem Bilde sie auch aus der Entfernung steche ... Und Golde schlägt das alte Jom Kippur – Gebetbuch, das sie von ihrer Mutter geerbt hat, in ihren türkischen Schal ein, damit der Blick der Christin nicht darauffalle. Und wenn sie vor dem Einschlafen das »Höre Israel« spricht, schiebt sie vor ihren Winkel die Kommode vor als Schutzmauer, damit der Heiland auf dem Bilde ihr Gebet nicht höre.
Und mit der Christin ist es genauso. Sie wartet mit ihrem Nachtgebet, bis die Jüdin eingeschlafen ist. Und sie stellt ebenfalls etwas vor ihren Winkel, damit die Jüdin und ihr Gott, den sie in der Kommode hat – sie meint das alte Gebetbuch im türkischen Schal –, ja kein Wort des Gebetes hören.
Und als der erste Freitag kam, traf die Jüdin Vorbereitungen für den Sabbat. Sie breitete auf ihrer Kommode ein sauberes Tischtuch aus, stellte die beiden Sabbatleuchter darauf, steckte neue Kerzen hinein, setzte sich die Sabbathaube auf und begann, ihre Gebete zu flüstern. Die Christin erschrak, als in ihrer Stube der jüdische Sabbat gefeiert wurde. Sie wollte aber ihren Verdruß der Nachbarin nicht zeigen. Als sie sah, daß die Jüdin zu ihrem Gotte betete, kniete sie vor ihrem Heiligenbilde nieder und begann vor ihrem Gott zu beten und sich vor die Brust zu schlagen... Und dic Jüdin dachtc: »Gcradc wenn ich die Lichter anzünde, muß sie beten!«
Nach dem Lichtersegen stellte die Jüdin ein Sabbatbrot auf den Tisch und einen Teller mit Fischen. Eine jüdische Nachbarin pflegte ihr jeden Tag Fische zu schicken.
Die Christin war inzwischen mit ihrem Gebet fertig geworden. Sie stand auf und ging zum Tisch der Jüdin. Die Jüdin gab ihr von den Fischen, und beide Frauen sprachen über die verschiedensten Dinge.

In der Stube ist es heiß. Die Christin hat ihren Ofen an diesem Tag der Jüdin zu Ehren besonders stark eingeheizt. Auf der Kommode brennen die Sabbatkerzen, und das Lämpchen vor dem Heiligenbilde im andern Winkel flackert im Halbschatten. Die beiden Frauen sitzen friedlich beisammen, essen die Fische mit großer Vorsicht, um ja keine Gräte zu verschlucken, unterhalten sich über ihre Nachbarinnen und kommen allmählich auf die verschollenen Söhne zu sprechen.

»Wo können sie jetzt sein?« fragt die Christin.

»Sind wohl beide im Meere ertrunken!« antwortet die Jüdin.

»Da soll man Kinder großziehen, damit die Fische sie fressen!« jammert die Christin.

»Und vielleicht sind sie doch noch am Leben?« versucht sich die Jüdin Mut zu machen.

»Vielleicht sind sie wirklich am Leben!« meint auch die Christin.

»Und vielleicht haben sie ihr Glück gemacht?« will die Jüdin hoffen.

»Und haben schon eigene Häuser und Felder?« geht die Christin noch weiter.

»Gott wird helfen!« sagt die Jüdin.

»Gott wird uns nicht verlassen!« bestätigt die Christin.

Und sie vergessen für eine Weile, welcher Gott helfen soll: ob der, der bei den Sabbatkerzen ist, oder der, vor dem das Lämpchen flackert? Und mit Gottes Namen auf den Lippen nicken sie beide ein, immer noch vor der Kommode sitzend, die mit Fischgräten und Krümeln des Sabbatbrotes bedeckt ist.

Im kleinen Stübchen kämpfen zwei Götter: die kleinen Sabbatkerzen auf der Kommode und das Lämpchen vor dem Heiligenbilde, und sie erlöschen beide in der Stille. Und auch die Frauen gehen zur Ruhe und schlafen in der warmen Sabbatnacht schnell ein.

Salman Schneur

Die unsterbliche Orange

Zwei Orangenkisten sind auf dem Wege über das blaue Meer. Die Orangen sind kugelrund, saftig, schwer, mit einer glühend roten Schale – der Farbe südlicher Sonnenaufgänge. Die Orangen in der ersten Kiste rühmen sich: Wir gehen nach Warschau, der alten polnischen Hauptstadt. Oh, was für weiße Zähne werden in uns hineinbeißen, was für feine, aristokratische Zungen werden Genuß von uns haben! Die Orangen der zweiten Kiste verhalten sich still, schmiegen sich aneinander und schweigen. Sie wissen, daß ihr Bestimmungsort ein kleines Städtchen in Litauen ist, und Gott weiß, in was für armselige Hände sie fallen werden. Ja, auch sie haben die Glut der südlichen Sonne, den kühlen Tau der Nächte, die Wohlgerüche blühender Orangenhaine durstig in sich aufgenommen. Braune, flinke Hände junger Mädchen schnitten sie von den Bäumen und warfen sie in die Bambuskörbe. Hat sich das alles gelohnt?
Aber wir werden sehen, wer es besser getroffen hat, die Orangen, die nach Warschau kamen, oder die Orangen, die in Schklow anlangten – einem entlegenen Städtchen in Litauen. Und wir werden eine Lehre daraus ziehen.
Der erste Posten Orangen kam in Warschau an, und der Obsthändler ordnete sie zu mehreren Pyramiden. Da leuchteten sie wie Feuerkugeln aus dem Schaufenster heraus. Aber das dauerte nicht lange. Sie wurden am selben Tage verkauft. Die lärmende, durstige Straße hatte sie bald verschluckt. Ermüdete Menschen steckten sie in ihre Taschen, rissen ihre saftige, goldene Schale mit unsauberen Fingern ab und warfen sie auf das schmutzige Pflaster. Beim Gehen schlangen sie die Orangen herunter, ohne den Segensspruch zu sagen. Der erfrischende Saft bespritzte staubige Bärte, verschmierte Röcke. Der Platz im Laden ist bald von anderen Früchten und sogar von Gemüsen eingenommen. Kein Gefühl für Ge-

burt und Abstammung! Nur kleine Stücke ihrer schönen Schale liegen noch auf der Straße herum, gleich den kalten Strahlen einer fernen, glühenden Sonne. Aber keiner hat verstanden, daß dies Grüße waren von fernen, sonnigen Ländern, von ewig blauem Himmel. Man hat sie zertreten, Pferde stampften über sie hinweg, und der Straßenfeger kam mit seinem Besen und fegte sie unbarmherzig auf den Kehrichthaufen.
Die zweite Orangenkiste kam einige Tage später in Schklow an. Sie wurde in engen Waggons befördert, auf jüdischen Karren durchgerüttelt, bis sie die Ehre hatte, in ihrer neuen Umgebung ausgestellt zu werden. Die Frau des Gewürzkrämers in Schklow rief zu ihrem Manne hinüber:
»Komm her, mein tüchtiger Mann, öffne die Orangenkiste, man braucht die Früchte als Purimgeschenke!«
Eli, der Gewürzkrämer, verstand sich, ungeachtet des Spottes seiner Frau, gut auf das Warenauspacken. Er arbeitete an der Orangenkiste zwei Stunden; gelassen und vorsichtig hob er den Deckel mit den Stemmeisen hoch, arbeitet wie ein Goldschmied an einem kostbaren Schmuckkasten. Seine Frau stand dabei und gab ihm Ratschläge. Schließlich war die Kiste geöffnet, und aus den blauen Seidenpapierhüllen glühten die Bäckchen der Orangen, und ein starker festlicher Duft verbreitete sich.
Nach kurzer Zeit waren die Orangen im kleinen Schaufenster des Ladens ausgelegt und guckten hinaus auf den schmutzigen Markt, den grauen, niedrigen Himmel, auf die kleinen Schneehaufen in den Rinnsteinen, auf die in Pelz gehüllten weißrussischen Bauern in ihren gelbgefleckten Schaffelljacken. Alles um sie herum war so sonderbar, nördlich, frostig, halb verfallen. Und die Orangen mit ihrem festlichen Duft und ihrer hellen Farbe sind so reich und fremd und neu in einer solchen ungewohnten, armen Umgebung wie ein Königsgewand in einer Bettlerschenke.

Mutter Feige kommt mit ihrem wollenen Tuch um den Kopf und einem Korb am Arm. Sie sieht die frisch ausgepackte Ware und geht hinein, um Purimgeschenke zu kaufen. Und hier beginnt das unvergängliche Dasein der Orangen.

Arm und grau ist das litauische Leben, und der geringe natürliche Reichtum, der manchmal an diesen Ort gelangt, wird sparsam, vernünftig und mit allen fünf Sinnen genossen. Nicht ein Tropfen wird vergeudet von der schönen Frucht, die sich hierher verirrt hat. Nein, wenn die Orange der irrende Geist irgendeiner sündigen Seele gewesen wäre, würde er Erlösung im Hause von Mutter Feige gefunden haben.

»Ihr wollt also mehr als acht Kopeken haben? Guten Tag!« Die Gewürzkrämerin weiß ganz genau, daß Mutter Feige nirgendwo anders Orangen kaufen kann, sie hält sie aber am Tuch zurück. »Möchten alle Juden ein frohes Purim haben, so sicher, wie ich Euch goldene Ware verkaufe! Ich will nur endlich einen Anfang machen.«

»Wir wollen nur endlich einen Anfang machen,« wiederholt Eli, der Gewürzkrämer, der erfahrene Öffner von Orangenkisten. Ein Rubel mehr oder ein Rubel weniger. Mutter Feige sucht die beste, die schwerste Orange aus, wickelt sie ein und legt sie vorsichtig in den Korb zwischen Eier, Zwiebeln und allerhand gute Sachen für Purim.

Mutter Feige kommt nach Hause, und die Kleinen lärmen um sie herum, angefangen von dem elf Jahre alten Gemaraschüler bis zu dem Kleinsten, der gerade das Alphabet lernt, und die alle vom Cheder befreit sind für den Purimvorabend. Sie machen sich sofort daran, den Korb ihrer Mutter zu leeren. »Mama, was hast du mitgebracht? Was hast du mitgebracht?«

Die Mutter gebietet Ruhe. Der eine bekommt einen Backenstreich, weil Freitag ist, der andere einen Puff, und der dritte wird ins Ohr gezwickt.

»Was ist denn hier los, ihr fallt ja über mich her wie die Heuschrecken!«

Aber sie zeigt ihnen, was sie mitgebracht hat.

»Hier! Seht, ihr Teufel, ihr Taugenichtse!«

Zwischen den litauisch kleinstädtischen Näschereien glüht die Orange wie ein Bote von Reichtum und Glück. Die Kinder sind erstaunt. Sie erinnern sich noch schwach vom vergangenen Purimfest her an die Spur des Duftes solch einer Frucht. Nun ist sie wieder aufgelebt, dieselbe Form und derselbe Duft. Bis übers Jahr werden sie das nicht wieder zu sehen bekommen. Sie langen nach ihr mit mageren, kleinen Händen; sie riechen an ihr, sie bewundern sie. [...]

Als Purim vorüber ist, liegt die Orange in der Kommode, unversehrt, und ihr ist wohl. [...]

Endlich aber kommt der lang ersehnte Freitagabend. Die Orange ist nicht mehr so kugelrund wie früher und duftet nicht mehr so frisch. Ihre Jugend ist schon vorbei. Aber das macht nichts. Sie ist noch immer eine Orange. Nach dem Sabbatmahl ist die Stimmung gehoben, aber die Kleinen ahnen, daß diesmal der Segensspruch gemacht wird – man könnte meinen, so etwas wie eine Orange wäre überhaupt nicht vorhanden –.

Sagt die Mutter zum Vater: »Nun, nimm und verteile die Orange unter die Kinder. Wie lange soll sie noch liegen?«

Der Vater, ein bärtiger Jude mit schielenden Augen, ein erfahrener Orangenesser, der wahrscheinlich im Laufe seines Lebens ein halbes Dutzend Orangen verspeist hat, wenn nicht mehr, setzt sich an die Spitze des Tisches, öffnet die große Klinge seines Taschenmessers und macht sich an die Arbeit. Die Kinder stehen um den Tisch herum und beobachten ihren Vater mit ehrerbietiger Scheu, wie man einen seltenen Zauberkünstler betrachtet, wenn sie auch gern das Innere der Orange sehen und sie kosten möchten. Sie sind schließlich Menschen mit Wünschen... Aber der Vater hat Zeit. Vorsichtig und ruhig zieht er gerade Linien über die Frucht, von einem Pol zum andern. Zuerst zieht er vier Linien, dann acht, eine genau wie die andere. Wie man so sagt, ein Meister in seinem Fach! Und dann beginnt er, die Orange zu schälen. Alle hören auf das Knistern der fleischigen, geschmeidigen Schale. Langsam lösen sich die gleichgroßen roten Stücke, aber hier und da ist die Orange welk, und zusammen mit der Schale reißen sich kleine Stücke des saftigen Fleisches los. Der Vater sagt: »Oh«, gerade als ob es ihm weh getan hätte, steckt die Klinge seines Messers in die Orange und schneidet die gefährdete Stelle heraus. Die Orange rollt heraus aus ihrer gelblich-weißen, duftenden Hülle und wird kunstvoll in gleiche Halbmonde, Stück für Stück, eingeteilt.

»Kinder!« ruft das frisch verlobte Mädchen und stellt ein großes Glas auf den Tisch. »Vergeßt nicht die Kerne! Werft sie hier hinein. Wir werden sie weichen und einpflanzen.« Sie wendet sich an ihre kleinen Brüder, meint aber auch ihren Vater. [...]
Eines der jüngsten Kinder macht eine Entdeckung. Wenn man ein Stückchen Orangenschale gegen das Lampenlicht hält und zusammendrückt, spritzt ein ganzer Springbrunnen durchsichtiger, feiner, wohlriechender Tröpfchen heraus, und wenn man den in die Augen eines der Brüder spritzt, fängt er an zu blinzeln. Aber bevor er Zeit hat, seine Erfindung weiter auszunützen, bekommt er einen Klaps auf seine Hand, und alle Schalenstückchen verschwinden in der Schürze der Mutter. »Kein Streich ist zu dumm, daß sie ihn nicht machen, die Teufel. Gerade als ob es Kartoffelschalen wären.« Wenn sie nur etwas mehr davon bekommen könnte, würde sie sie einmachen, ja, einmachen. Aber das war nur Gerede. Bis sie genügend Apfelsinenschalen gesammelt hat für Eingemachtes, kann der Messias kommen.
Man legt die Schalen über Nacht in den warmen Ofen zum Trocknen. Die rotgoldnen Schalenstückchen, die noch am Tage zuvor so frisch und saftig ausgesehen haben, sind jetzt welk, schwarzbraun, kraus und hart wie altes Pergament. Die Mutter nimmt ihr scharfes Küchenmesser und schneidet die Schalen in schmale Streifen und dann in kleine Würfel.
Sie schüttet sie in eine Flasche, gießt Branntwein darauf, streut feinen Zucker darüber und stellt sie fort zum Durchziehen. Der Branntwein belebt die braunen, vertrockneten Stücke der Apfelsinenschalen, sie quellen auf und bekommen ihr ehemaliges Aussehen. Man gießt sich ein Gläschen ein, versucht davon und spürt den echten Geschmack und Duft von Orangenschalen. Verwandte kommen zu Besuch, sie sprechen den Segen, nehmen ein Schlückchen und erquicken sich, und alle stimmen überein, daß das sehr gesund für den Magen ist. Und die Frauen fragen die Mutter aus, wie sie auf solch einen Einfall gekommen wäre. »Siehst du«, sagt Onkel Schome zu Michle, seiner Frau, »du läßt alles umkommen. Du hast doch Purim auch eine Orange gehabt. Wo ist die Schale? Weg, hinausgeworfen.«

»Plag sie nicht, Schome. Nehmen wir noch einen Schluck.« Und seine Augen lächeln seine ausgezeichnete Frau an.
Die Flasche wird wieder zugebunden mit einem Stückchen weißen Stoff über den Kork, damit nichts verduftet, und man stellt sie in den Schrank zurück. Und da steht sie, allein, wie eine fromme Jüdin, eine verlassene Jüdin mit einer Haube.
Pessach kommt, und die Juden erfüllen die Vorschrift und verkaufen ihr Gesäuertes an Alexis, den Wasserträger, mit dem schmutzigen Flachshaar; so fällt auch die Flasche mit Orangenwasser in nichtjüdische Hände. Während dieser ganzen Woche steht sie unberührt da und kann den Tag kaum erwarten, an dem sie wieder eingelöst wird, wo die Juden mit grauen Bärten und Frauen mit frommen Perücken den Segen über sie sprechen und einander Wunder erzählen von Mutter Feiges Tüchtigkeit.
Bisweilen steht eine solche Flasche jahrelang. Von Zeit zu Zeit wird frischer Branntwein aufgegossen, und man kostet selten davon, bis die Stückchen Orangenschale auf dem Grunde ihre Festigkeit verlieren und schwammig und bleich werden. Dann gießt der Vater ein bißchen davon auf einen Teller. Das geschieht immer am Ausgang des Sabbats, nach der Hawdole; wenn die weihevolle Stimmung gewichen ist und das Grau des Alltags aus jedem Winkel vorkriecht, sucht der Vater nach etwas Herzstärkendem. Dann denkt er an die fahlen, abgestandenen, mit Branntwein vollgesogenen, eingezuckerten Stückchen Orangenschale.
Er hält die breite, ehrwürdige Flasche über einen Teller und schlägt kräftig, doch behutsam, gegen den Boden.
»Kluck, kluck, kluck«, tönt es in der Flasche klagend und erfüllt den ganzen Raum mit dumpfer Traurigkeit bis in die wochentäglichen, nachsabattlichen Schatten. Da hört man einen Laut wie einen tief erschrockenen Seufzer, wie ein Echo aus einem ausgetrockneten, alten Brunnen. Die Flasche schreit laut auf, als ob man die Seele aus ihr heraustriebe, ihren letzten Atem. Und zugleich fallen appetitliche Stückchen aus ihrem Hals.
Dann ist alles still. Der Vater macht einen Segensspruch über die Überbleibsel, kostet und reicht sie herum.

Die Kinder stimmen überein, daß, wenn es auch die Zunge ein wenig beißt, man noch den Geschmack der ehemaligen Purimorange spürt – Friede über sie!
Aber zu derselben Zeit, da die letzte Erinnerung an die berühmte Orange aus dem Haus entschwunden ist, sind die Nachkommen der Orange, die weich gewordenen, gequollenen, kleinen Kerne im Hause der verheirateten Tochter schon längst aufgegangen im Blumentopf. Drei oder vier spitz zulaufende, klebrige Blätter sind emporgeschossen aus jedem kleinen Kern. Die übergestülpten, beschlagenen Gläser sind längst entfernt. Die Pflänzchen gewöhnen sich ganz nett an das Klima von Schklow und sprießen langsam mit dem zurückhaltenden, grünen, bescheidenen Lächeln, das sie aus den warmen Ländern mitgenommen und sich bewahrt haben.
Die junge Frau gibt auf sie acht und begießt sie täglich. Und Gott weiß, was noch einmal aus ihnen werden kann.

Pessach

Scholem Alechem

Auf der Wanderung

1. Die Vertreibung aus dem Paradiese

Gott sei Lob und Dank, Purim ist vorbei und man kann – zu guter Stunde! – an die aufwendige Vorbereitung des Pessachfestes denken. So sprach am Morgen nach Schuschan-Purim die Mutter zu sich selbst, warf prüfende Blicke in alle Ecken des »Salons«, ging herum und suchte, wie eine Henne, wenn sie ihre Zeit kommen fühlt. Einige Tage später waren ein Häufchen Heu und zwei Holzscheite zur Stelle und auf den Holzscheiten ein funkelnagelneuer Kübel, der mit großem weißem, reinem Linnen überdeckt war. Der Vater und ich wurden herangerufen, und ich wurde wohl an die dreißig Mal ermahnt, mich nur nicht »jener Ecke« zu nähern, ja

nicht einmal von weitem hinzuschauen, nicht einmal hinzuriechen. Dann wurden wir einfach vor die Tür gesetzt und erhielten den Befehl, den »Salon« bis Pessach nicht zu betreten.
Von diesem Augenblick an bekam der Salon für mich einen ganz besonderen Reiz, wie ein Magnet zog er mich an. Ich mußte – sei es auch nur von weitem – einen Blick in jene Ecke werfen.
Und so stand ich denn auch bald an der Tür, ein Schmalzbrot in der Hand – und sah hinein. Ich freute mich an unserem schönen, hellen Salon mit dem roten Sofa aus Mahagoniholz, dem ovalen Tisch auf drei Füßen, dem ovalen Spiegel in schön geschnitztem Rahmen und dem großartigen Misrach. O dieser Misrach! Der Vater habe ihn als Bräutigam selbst gemalt, erzählte er. Was war da nicht alles zu sehen: Bären und Löwen und Wildkatzen, Adler und kleine Vögel, Posaunen, Chanukkalampen und Paradiesäpfel, Schüsselchen mit kleinen Davidssternen und Blättchen und Knöpfchen und Rädchen und Streifen und Pünktchen ohne Zahl und ohne Ende! Nicht zu glauben, daß eine menschliche Hand das alles sollte malen können, das Auge konnte es gar nicht fassen. Ja, der Vater, der kann was, dachte ich mir, der bringt was fertig, der ist schrecklich geschickt!
»Hol' dich doch der Teufel! Mit Gesäuertem an der Tür, verdammter Junge, du!«
So rief die Mutter, die mich auf frischer Tat ertappt hatte, faßte mich mit zwei dünnen scharfen Fingern ihrer rechten Hand am linken Ohr und führte mich zum Vater:
»Da, sieh ihn dir wenigstens an, deinen Sprößling! Mit dem Brot in der Hand hat er sich hingestellt und nach dem Pessach-Borschtsch geblickt!«
Der Vater machte ein ernstes Gesicht, schüttelte den Kopf, spitzte die Lippen und zischelte:
»Ts, ts, ts! Schau, daß du fortkommst, du Schlingel, du!«
Aber kaum wandte sich die Mutter ab, so spielte ein verstecktes Lächeln um seinen Mund. Ich sah es ganz genau. Nur wenn sie sich ihm zuwandte, wurde sein Gesicht wieder ernst. Schließlich faßte er mich an der Hand, setzte mich neben sich auf den Stuhl und ermahnte mich, nicht hinzublicken. Man dürfe nicht!

»Auch von weitem nicht?« fragte ich.
Doch er hörte nichts mehr, sondern war schon wieder in sein Buch vertieft, in dem er murmelnd studierte. Ich aber stahl mich von ihm zur Tür fort, lugte durch einen Spalt in den Salon und staunte alle die wunderbaren Dinge an, die es gab, ein wahres Paradies: auf dem Fußboden viele neue Töpfe, an den Wänden Hackmesser, ein Salzbrett, zwei Kränze Zwiebeln als Schmuck. Alles schön für Pessach, für Pessach, für Pessach ...

2. Von Hand zu Hand

»Vielleicht würdet ihr euch mit euren Büchern von hier in die große Schlafkammer bemühen.«
So sagt die Mutter zu uns. Sie ist weißgekleidet, hat eine weiße Serviette auf dem Kopf und hält einen langen Stock in der einen Hand, einen Flederwisch in der anderen. Den Kopf hat sie ganz zurückgeworfen und blickt zur Decke.
»Sossel, wo bist du denn mit der Bürste? Na, rühr dich schon! Komm her!« Sossel, die Dienstmagd, auch einen weißen Fetzen um den Kopf gewunden, kommt mit der nassen Bürste und einem Eimer Kalk. Beide sehen aus wie lebendige Tote in weißen Leinenkleidern. Sossel patscht mit der nassen Bürste über die Zimmerdecke hin und her: patsch, patsch! Und beide sind aufgeregt wie Bienen.
Ich sehe verwundert auf das seltsame Schauspiel. Aber sie lassen mich nicht lange in Ruhe. Erst deuten sie mir nur an, daß ein Junge nichts in der Stube zu suchen hat, wenn zu Pessach reingemacht wird. Bald aber werden sie schärfer:
»Würdest du bitte in die Schlafkammer gehen?« sagt die Mutter, faßt mich an der Hand und zeigt mir den Weg. Ich aber habe nicht viel Lust, ihrer Weisung zu folgen, und trete nur ein bißchen zur Seite. Dabei komme ich nun Sossel in die Quere, die mich kurzerhand von sich stößt:
»Überall steht er einem im Weg«, schilt sie.
»In Teufels Namen, geh endlich zum Vater hinein«, ruft die Mutter

und schubst mich zu Sossel, Sossel stößt mich zurück, indem sie beteuert:
»Solange ich lebe, habe ich keinen so zudringlichen Jungen gesehen!«
»Dem ist nicht beizukommen«, sagt die Mutter und gibt mir von hinten einen Stoß, Sossel aber fängt mich auf und kalkt mich weiß an. Dann falle ich wie ein Ball zum Vater in die Kammer hinein und vergehe schier vor Weinen. Der Vater blickt auf, beruhigt mich, so gut er kann, setzt mich auf seine Knie und vertieft sich wieder in seine Bücher.

3. Aus der Schlafkammer in die Speisekammer

»Entschuldigt, Herr! Die Frau läßt Euch sagen, Ihr sollt so gut sein und von hier in die kleine Schlafkammer gehn«, bestellte Sossel, die, zum Erschrecken verschmiert, mit allen ihren Geräten hereinkommt. Und wir gehorchen, wandern mit den Büchern von der großen in die kleine Schlafkammer. Die kleine Kammer ist gerade so groß wie eine Nuß. Es gibt dort nichts als ein Bett, in dem ich schlafe, und, leider muß ich es sagen, auch Sossel, die Dienstmagd. Sossel gehört nämlich zur Familie, sie ist schon sehr lange bei uns im Hause. Ich sei noch gar nicht auf der Welt gewesen, sagt sie, als sie zu uns kam. Unter ihren Händen sei ich aufgewachsen. Wer weiß, wo ich heute wäre, wenn sie nicht gewesen wäre. Denn es hätte keine Heimsuchung, kein Unglück, keine Krankheit gegeben, die ihren Weg nicht zu mir gefunden hätten, und nur sie habe mich aus all diesen Nöten gerettet.
»Und heute lohnt er's mir mit solchen Schlechtigkeiten! Sollte man ihn da nicht prügeln?«
So fragt Sossel und gibt gleich selbst die Antwort, indem sie mir ein paar Rippenstöße versetzt und mich als Zugabe noch an den Haaren zieht. Und merkwürdig: niemand sagt ihr auch nur ein Wort. Weder der Vater noch die Mutter nimmt sich meiner an. Sossel tut mit mir, was sie will, ganz so, als ob ich ihr Kind wäre und nicht das der Eltern.

In der kleinen Schlafkammer ziehe ich mich in eine Ecke zurück, setze mich auf den Fußboden und betrachte den Vater, wie er sich mit der Hand über die Stirn streicht, am Barte kaut, den Oberkörper hin und her bewegt und immerzu sein schönes »Und ja ...« hören läßt. Aber nicht lange, denn schon ist wieder Sossel mit ihren Instrumenten da. Wir werden gebeten, auch von hier zu verschwinden und wieder ein wenig weiterzuwandern.
»Wohin denn noch?« fragt der Vater erschrocken.
»Was weiß ich?« antwortet Sossel und stellt sich mit ihrer Bürste mitten ins Zimmerchen.
»In die Kammer, in die Speisekammer«, sagt die Mutter, die eben mit ihrem langen Stock und dem neuen Flederwisch wie ein bewaffneter Feind eingedrungen ist.
»In der Speisekammer ist's doch kalt«, versucht der Vater das Unheil abzuwenden.
»Ja, gewiß, eine Bärenkälte«, höhnt die Mutter.
»Man findet Erfrorene draußen«, hilft ihr Sossel, und schon klatscht sie mit ihrer nassen Bürste über die trockenen Wände hin.
Es bleibt uns nichts übrig, als uns aus der kleinen Schlafkammer in die Speisekammer zu trollen. Schon beim Eintritt schaudern wir vor Kälte. Und auch sonst ist die Kammer gewiß nicht das geeignete Studierzimmer für den Vater. Sie ist finster, klein und eng – kaum, daß zwei Menschen darin Platz haben. Freilich, für mich ist sie einfach ein Paradies. Es gibt da nämlich Simse, auf die man klettern kann. Der Vater gestattet es zwar nicht, er meint, man könne sich dabei das Genick brechen, aber wer kümmert sich darum? Er ist längst wieder in seine Bücher vertieft, und ich klettere lustig von Sims zu Sims, bis ich oben auf dem letzten, dem dritten, angelangt bin.
»Kikeriki«, rufe ich, um den Vater auf meine große Geschicklichkeit aufmerksam zu machen, und hebe den Kopf hoch. Dabei stoße ich so wuchtig an die Decke an, daß mir fast die Zähne aus dem Mund fliegen. Der Vater erschrickt und erhebt ein Geschrei. Sossel stürzt herein, ihr nach die Mutter, und beide teilen mir soviel zu, wie ich nur vertrage.
»So ein Kind! Was das nicht alles anstellt!« ereifert sich meine Mutter.

»Kind? Kind?! Das ist kein Kind, das ist ein Teufel!« hilft ihr Sossel und verkündet uns gleich darauf, man werde uns bald bitten, uns von hier in die Küche zu verfrachten. Denn in den Zimmern seien die Pessachvorbereitungen schon fast fertig.

4. Aus der Speisekammer in die Küche

In der Küche finde ich Moische Bär mit den großen Augenbrauen beim Vater. Sie sitzen auf der Küchenbank, studieren nicht, sondern reden. Sie klagen einander ihr Leid. Der Vater erzählt, was er diese ganzen letzten Tage schon auszustehen hatte: »Diese Unruhe, das reine Exil, immer auf der Wanderung von einem Orte zum andern!« Und Moische Bär meint, das alles sei noch gar nichts gegen das, was er zu ertragen habe.

»Mich hat die Meinige einfach aus dem Hause gejagt«, sagt er.

Ich sehe mir Moische Bär an und vermag mir durchaus nicht vorzustellen, wie man ihn, einen so großen Mann mit so großen Augenbrauen, aus dem Hause jagen kann. Nach und nach kommen sie auf anderes zu sprechen. Ich höre sonderbare Worte: »Rambam«, »Kusari«, »Philosophie«, »Spinoza« und dergleichen, mit denen ich nichts anzufangen weiß.

Da interessiert mich die graue Katze schon viel mehr. Die sitzt vor dem Herde und putzt sich. Sossel meint, das bedeutet, daß Gäste kommen. Ich verstehe aber nicht, woher die Katze wissen soll, daß Gäste kommen werden. Ich gehe auf sie zu und beginne, mit ihr zu spielen. Zuerst versuche ich, ihr auf die Pfoten zu klopfen. Sie geht nicht darauf ein. Dann will ich, daß sie sich auf ihre zwei Hinterfüße setzt. Das will sie auch nicht. Ich brülle: »Sitz! Parier!« und begleite jeden Befehl mit einem Stieber auf ihr Näschen. Sie schließt die Augen und wendet das Köpfchen zur Seite, streckt das Zünglein heraus und macht ein merkwürdiges Gesicht. Offenbar denkt sie: Warum quält er mich? Mich aber fängt die Sache zu verdrießen an, darf eine Katze so eigensinnig sein? Und ich plage mich so lange mit ihr ab, bis sie mir mit ihren scharfen Krallen über die Hand schrammt. Da quietsche ich schrecklich auf: »O weh, o weh!

Mutter! Mutter!« Natürlich kommt die Mutter gleich gelaufen, Sossel mit ihr, und beide geben mir noch eins dazu, damit mir ein andermal die Lust vergehe, mit Katzen zu spielen. (Eine Katze wird bei ihnen gleich zu »Katzen«!)
»Geh, wasch dir die Hände«, sagt jetzt die Mutter zum Vater, »wir wollen in den Keller gehen, essen.«
Sossel faßt den Schürhaken und macht sich beim Herd und bei den Töpfen zu schaffen. Sie nimmt weder auf mich noch auf den Vater noch auf Moische Bär Rücksicht. Ja, sie läßt sogar Moische Bär nicht im Zweifel darüber, daß er vor Pessach hier nichts zu suchen habe.
»Ich glaube«, sagt sie, »es ist in solcher Zeit richtiger, zu Hause zu bleiben, als in fremden Häusern im Wege zu stehen.«
Moische Bär merkt, daß sie ihn meint, und verabschiedet sich. Wir aber steigen in den Keller, um zu essen.

5. Aus der Küche in den Keller

Ich begreife eigentlich nicht, warum der Vater so unzufrieden mit den Achseln zuckt und »Die wahre Auswanderung!« in den Bart brummt. Ich sehe nicht ein, was das für ein Unglück sein soll, wenn man einmal im Keller Mittag ißt. Es riecht nach sauren Gurken, Kraut und Milchkannen – was schadet's? Und was ist dabei, daß der Tisch aus zwei umgelegten Fässern besteht, auf die man ein Nudelbrett gelegt hat, und daß man selbst auf umgelegten Fässern am Tische sitzt? Ich finde sogar, daß es so viel lustiger ist. Man kann zum Beispiel mit dem Faß durch den ganzen Keller rollen. Wenn man dabei hinfällt? Nun, so steht man wieder auf und rollt weiter.
Die Sache hat nur den einen Haken, Sossel paßt auf und läßt einen nicht rollen.
»Aha«, ruft sie, »er hat schon wieder was Neues gefunden, er will sich eine Hand oder einen Fuß brechen!«
Was der einfällt! Ich weiß nicht, warum sie mir das Leben verbittert. Immer verfolgt sie mich, und immer prophezeit sie Unheil.

Wenn ich laufe, sagt sie, ich werde das Genick brechen; fasse ich irgend etwas an, sagt sie, ich wolle es kaputt machen, nehme ich einen Knopf in den Mund, schlägt sie Lärm: »Der Unglücksjunge will ersticken.« Meine Rache erlebe ich aber, wenn ich krank bin, denn dann ist sie ganz aus dem Häuschen und möchte die Welt umkehren, nur um mir zu helfen.
»Jetzt nimm das Kind und geh mit ihm hinauf. Man muß das letzte Gesäuerte nun auch aus dem Keller hinausschaffen.«
So sagt die Mutter nach dem Tischgebet, und ehe noch der Vater Zeit findet zu fragen, wohin wir eigentlich gehen sollen, fügt sie hinzu:
»Für einige Stunden auf den Boden.«
»Denn in den Zimmern sind schon die Fußböden gewaschen«, ergänzt Sossel. »Aber gebt acht, daß der Unglücksjunge nicht vom Boden herunterpurzelt und sich dabei das Genick bricht!«
Und Sossel stößt mich, damit ich etwas schneller gehe.
»Na, kriech schon, kriech, Unglücksjunge!«
Der Vater geht hinter mir her, und ich höre, wie er brummt:
»So was! Auf den Boden gar? Die wahre Auswanderung! So was!«
Ein sonderbarer Mensch, mein Vater. Selbst mit dem Boden ist er nicht zufrieden. Unbegreiflich! Ich glaube, ich hätte nichts dagegen, wenn jede Woche der Vortag von Pessach wäre und man immer auf den Boden klettern müßte. Denn erstens ist das Klettern selbst nicht zu verachten. Wenn ich's an einem gewöhnlichen Tage wollte, man ließe mich nicht. Und jetzt laufe ich ganz frei die Treppe hinauf, wie ein Teufel. Und der Vater kommt hinter mir her und mahnt: »Langsam, langsam!« Aber er hat gut mahnen. Ich fühle, daß mir Flügel gewachsen sind. Ich fliege, ich fliege!

6. Aus dem Keller auf den Boden und – Schluß

Was wißt ihr von den Schätzen, die bei uns auf dem Boden liegen? Ja, ja, ganze Schätze: zerbrochene Lampengläser, Topfscherben, alte Wäsche – schwer zu sagen, ob die mal Männern oder Weibern gehörte. Dann liegt da so ein Stück Pelz, wenn man dem nur nahe kommt, zergeht es wie Schnee. Ferner gibt es zerfetzte Bücher, die durchgebrannte Röhre eines Teekessels, Bettfedern und ein zerrissenes Sieb. Ein alter Lulow macht sich's der ganzen Länge nach bequem wie ein Familienvater. Und erst die Sparren und die Balken! Und gar das Dach! Es ist ganz aus Schindeln, und ich reiche mit den Händen hinauf! Man denke: man kann das Dach in der Hand halten!

Der Vater setzt sich auf einen Balken, sammelt die zerrissenen Buchblätter und vertieft sich in sie. Ich aber stelle mich an das kleine Dachfenster und sehe die ganze Stadt vor mir – wie auf einem Teller. Alle Häuser mit allen Dächern – schwarzen, grauen, roten und grünen. Und die Menschen, die da unten gehen, sehen ganz klein aus. Und es scheint mir, daß es auf der Welt nichts Schöneres als unsere Stadt geben kann. Ich werfe auch einen Blick zu uns in unseren Hof, und ich sehe, wie man bei uns und allen Nachbarn scheuert und putzt, Tische und Bänke wäscht, große Töpfe mit siedendem Wasser, heiße Bügeleisen und glühende Steine schleppt und wie ein weißer Dampf sich emporwälzt und zerflattert. Und es riecht nach Frühling. Wasser rieselt durch die Gosse, Ziegen meckern, und irgendein Mann, der große, zerrissene und durch die Schnüre zusammengehaltene Stiefel anhat, watet mit einem weißen Pferdchen, das er mit der Peitsche antreibt, mühselig durch den Morast. Es ist Asriel, der Fuhrmann, der Mazzes ausfährt. Und ich erinnere mich, daß wir schon lange Mazzes haben, sie liegen im verschlossenen Schrank, mit einem weißen Leintuch zugedeckt. Dort sind auch schon Eier vorbereitet, ein großer Topf voll und ein Glas voll Schmalz. Und zwei Kränze Zwiebeln hängen an der Wand. Und noch andere gute Dinge gibt es dort für das schöne Fest. Und ich erinnere mich auch an die neuen Kleider, die man mir zu den Feiertagen versprochen hat. Und ich bin sehr froh, sehr glücklich.

»Herr!« tönt ein langgedehnter Ruf von unten herauf. »Bemüht Euch herunter, in den Hof, die Bücher müssen durchgelüftet werden!«

Der Vater steht auf und spuckt wütend aus:

»Zu dumm, wirklich! Die wahre Auswanderung!«

Ich kann des Vaters Unzufriedenheit durchaus nicht verstehen. Was kann es denn Schöneres und Vergnügteres geben, als draußen zu stehen und Bücher durchzulüften? Und ich laufe auch gleich vom Fenster weg, zur Bodentür und ... krach! ... stürze kopfüber die Treppe hinunter!

Was weiter war, erinnere ich mich nicht. Ich weiß nur, daß ich nach dem Sturz eine recht lange Zeit krank war. Es stand damals schlimm mit mir, sagt man. Aber, wie ihr seht, bin ich wieder ganz gesund geworden – wenn's nur niemals schlimmer würde!
Nur die eine Narbe da im Gesicht ist geblieben. Und der Atem ist mir seitdem etwas kurz geworden. Ja, und wenn ich spreche, blinzle ich mit den Augen, bis auf den heutigen Tag.

Rosch Haschana und Jom Kippur – Neujahr und Versöhnungstag

Jizchok Leib Perez

Ne'ilo

Ein hinkender Goy kommt in die Synagoge, steckt neue Kerzen in die Hängeleuchter und in die Kerzenhalter auf den Betpulten und zündet sie an.
Die Gemeinde in den weißen Kitteln beginnt erneut zu seufzen. Leute, die sich draußen ausgeruht haben, kommen wieder herein. Alle erheben sich von ihren Plätzen.
»Jisgadal!« beginnt der heisere Vorbeter.
Die Betenden ziehen die Gebetmäntel über die Köpfe, aus der Frauenabteilung dringt plötzlich ein Jammern. Die Männer klopfen auf die Betpulte, um die Weiber zum Schweigen zu bringen. Die Frauen hören aber nicht auf, und die bleichen Gesichter der Männer zeigen einen komischen Zorn.
»Schmeh rabbo!« fährt der Vorbeter fort.

Die Frauen sind etwas stiller geworden, die Männer wiegen sich hin und her und begleiten den Gesang mit einem weinerlichen »Ai – ai – ai ...«
Nei'ilo!
Gleich wird sich der Himmel auftun, um sich gleich darauf wieder zuschließen. Die Tore für die Gebete werden zugeschlagen werden. Die Gemeinde hat darum große Eile!
Ein jeder meint, daß heute die letzte Gelegenheit ist, mit seinem Gebet in den Himmel zu dringen; gelingt es heute nicht, so kommt man ein ganzes Jahr nicht mehr dazu. Hauschano rabbo kann man vielleicht noch einen Versuch wagen, aber schlecht steht es um den, dessen Gerichtstag verschoben wird. Es ist schon besser, wenn man sein Urteil gleich auf der Stelle zudiktiert bekommt.
Die Frauen reißen die Männer mit sich fort.
... Die Schmoine-Eßre ertrinkt in heißen Tränen. Stürme tosen, Ströme brausen, alte Wälder rauschen ...
»So laß die Furcht vor dir, Ewiger, unser Gott, auf alle deine Geschöpfe kommen!« schluchzt der eine früher, der andere später, doch ohne besondere Andacht. Dem Bademeister von Zichanowka ist es eigentlich gleich, ob Parol, der ihm die Badequaste bindet, vor jemand anderm Furcht hat außer vor ihm. Es macht ihm wirklich nicht viel aus. Und der hochgeachtete Schloime Setz kann sich selbst mitten in der Schmoine-Eßre nicht enthalten, seinen schönen weißen Bart zu streichen und zu teilen. Er hat kein großes Interesse daran, daß alle seinen Gott fürchten. Es gibt nicht viel Christen in Zichanowka. Daß der Bürgermeister und der Schreiber Christen sind, ist ihm sogar recht: Gott behüte ihn vor einem jüdischen Beamten, wer weiß, was man bei dem auszustehen hätte. Außerdem benötigt man den Ofenheizer und den Eruw-Hüter. Wer würde denn die Öfen heizen? In der Vorstadt wohnen zwar noch mehr Christen in reinen, hübschen Häuschen mit Vorhängen und Blumentöpfen in den Fenstern. Sollen die nur ruhig in ihrem Irrglauben verharren! Aber, Schöpfer der Welt! »*So laß die Furcht vor dir kommen*« – daß die Schwiegertochter nicht auf Scheidung besteht, nur weil mein Sohn die Fallsucht hat. Soll sie sich daran gewöhnen ... »Und die Angst vor

dir« – spricht er mit großem Nachdruck und denkt dabei, wie schade es doch ist, daß die Weizenpreise in diesem Jahre so schnell heruntergegangen sind. »*Sie sollen alle ein Bund werden.*« – Schöpfer der Welt, denkt er sich, soll man doch wirklich einen Bund schließen, um den Preis auf der Höhe zu halten ... »Um deinen Willen mit ganzem Herzen zu tun.«

»Himmlischer Vater!« schreit er mitten hinein: »*Freude deinem Lande und Wonne deiner Stadt.*« In seinem Kopfe brennt aber der Gedanke: Noch ein solches Jahr, und ich bin kaputt! ...

»*Du hast uns auserwählt!*« schreit laut Bendet, der Schneider. Und er wiederholt es noch einmal: »Du hast uns auserwählt!« Seine Frau liegt schon seit mehreren Jahren krank danieder, sie spuckt Blut, und die ganze Familie muß in einem einzigen Zimmer hausen. Kein Kunde will über seine Schwelle treten! Himmlischer Vater, du hast uns doch auserwählt! Du selbst hast sie mir zum Weibe bestimmt. »Du hast uns geliebt.« Habe ich sie denn schlecht behandelt? ... »*Du hast Wohlgefallen an uns gefunden.*« Habe ich das gewollt? »Und du hast uns in deinen Dienst gestellt, unser König« ... Welchen Wert hat noch meine ganze Arbeit? So klagt er bis: »Endlos währen die Feueropfer für unsere Verschuldungen.« An dieser Stelle schreit er noch lauter, denn er hat mehr Schulden als Haare auf dem Kopfe.

Nun sind die Leute mit der Schmoine-Eßre fertig. Man wartet nur noch, daß auch Chajim-Bär fertig wird. Der Synagogendiener hat große Lust, auf den Tisch zu klopfen. Aber ein Verwandter Chajim-Bärs, Joine-Wolf, der Gartenpächter, der in der Synagoge das größte Ansehen genießt, hält ihn davon ab. »Soll er sich nur gut ausweinen.« Chajim-Bär hat acht Kinder und kein Stück Brot im Hause.

»Du begehrst nicht ihren Tod«, schluchzt noch immer Chajim-Bär. Du begehrst nicht ihren Tod! Und sie sterben einfach vor Hunger, denkt er sich, meine Kinder, meine Rochel!

»*Und wozu wollt ihr sterben?*« Warum? Wofür? Was haben sie verbrochen, die armen Schäfchen?

»*Schmerzen und böse Krankheiten!*« Krank sind sie ja auch noch: Scharlach, Masern, Würmer, Zahnen – Schöpfer der Welt!

Nun beginnt der Vorbeter. Die Leute setzen sich auf ihre Plätze und sekundieren ihm in der lauten »Schmoine-Eßre«. Manche sind stehengeblieben. Sie drücken ihre glühenden Schläfen an die kühle Mauer und schluchzen leise vor sich hin.

Unter diesen ist auch Chajim-Bär.

Ne'ilo! Jeder Augenblick ist kostbar, gleich wird das Tor geschlossen. Er zerfließt in Tränen. [...] Er hat den Kopf in die Hand gestützt und wiegt sich im Takte des Gebets hin und her. Seine Lippen sprechen dem Vorbeter nach: »*Möge zu dir hinaufsteigen die Erinnerung an uns.*«

»*Die Erinnerung an uns und das Andenken unserer Väter.*«

Er erinnert sich, daß sein Vater ein frommer Mann gewesen und sein Schwiegervater ein Toraschreiber. Es wäre doch nur recht und billig, wenn sie sich für ihn dort oben verwenden würden.

Darum betet er schon ganz ohne Andacht weiter: »*Und das Andenken des Messias, des Sohnes Davids, deines Knechtes, und das Andenken Jerusalems, deiner heiligen Stadt.*« [...]

Diese traurigen Gedanken unterbrach der Vorbeter mit den Worten:

»*Öffne uns das Tor ...*«

Ganz anders betete Chajim-Bärs Verwandter, Joine-Wolf, der Gartenpächter, derselbe, der den Synagogendiener davon abgehalten hatte, auf den Tisch zu klopfen, weil Chajim-Bär mit der Schmoine-Eßre noch nicht fertig war.

Auch er steht während des ganzen Jom Kippur auf den Beinen, auch er glüht unter seinem Tallis, auch er springt und hüpft und schreit. Während aber Chajim-Bär weint und wie ein Kind seinen Vater wenigstens um ein trockenes Stück Brot bittet, tanzt Joine-Wolf vor dem Herrn voller Freude und dankt ihm für seine Wunder. Seit sechs Jahren hat er einen Obstgarten in Pacht, und der Garten bringt von Jahr zu Jahr mehr ein. Er seufzt nur bei: »*Gedenke unser zum Leben*«, »*Schreibe uns ein in das Buch des Lebens*« oder »*Besiegele uns zum Leben*« – denn die Gesundheit ist das Wichtigste! Während er dem lieben Gott für seine Gesundheit und für die Gesundheit seiner Frau dankt, erfleht er von ihm Gesundheit für seine Kinder. Mit einem Kind ist etwas nicht in Ordnung: Es hat einen Ausschlag auf dem Köpfchen, sein Näschen ist immer gerötet, und die Mandeln meistens geschwollen. [...]

Bei »*Groß sind die Nöte deines Volkes*« verstummt er wieder. Das ist für ihn eine schwere Stelle, ein Weg voller Gräben und Löcher. Er senkt den Blick auf das große Gebetbuch und vertieft sich wieder in seine Gedanken:

Schöpfer der Welt, wenn ich oder mein Weib oder meine Kinder oder meine Vorfahren irgendwelche Verdienste vor dir haben, so sende meinem Kinde vollkommene Genesung. Laß in meinem Garten die Äpfel wachsen, die saftigen, dicken Äpfel, die im Munde schmelzen. Schöpfer der Welt, laß deine Juden den Saft meiner Äpfel trinken! Und denke, Schöpfer der Welt, auch an Chaijm-Bär, laß auch ihn seinen Fruchtsaft verkaufen.

Plötzlich fährt er auf. Man ist bei: »*Gedenke des Bundes mit Abraham und der Opferung Isaaks*« angelangt. Das ist für ihn wieder eine Chaussee, ein ebener Weg. Nun läuft er Galopp! Es kommen zwar auch hier noch kleine Hindernisse und Löcher vor, aber das macht nichts: alles geht in der bekannten Melodie unter. Bei »*Das Seufzen der dich Preisenden*« ist die Straße wieder ganz glatt, und zum Schluß fühlt er sich schon wie zu Hause: er schreit, er poltert, er singt, als ob er ganz allein in der Synagoge wäre!

Beim Verlassen der Synagoge traf er mit Chajim-Bär zusammen.

»Mögen alle deine Gebete in Erfüllung gehen!«

»Alles, was du dir wünschest, möchte dir Gott geben!«

»Auch dir, Joine-Wolf! Möchte Gott uns beiden ein glückliches Jahr geben.«

Und sie trennten sich.

Ihre Wünsche waren ganz aufrichtig gemeint. Als sie sich aber verabschiedet hatten, hoben sie beide noch einmal ihre Blicke zum Himmel:

»Das Obst möchte wie Gold werden!« betete Joine-Wolf.

»Faulen soll es!« betete Chajim-Bär ...

Später schickte Joine-Wolf seinem Verwandten Chajim-Bär einen großen, fetten, gesottenen Hahn. Und Chajim-Bär schickte ihm

drei Flaschen von seinem Fruchtsaft. Beide gingen voll Gottvertrauen zu Bett.
Joine-Wolf hoffte, daß die Äpfel wie Gold geraten, und Chajim-Bär, daß das Obst verfaulen und er viel Geld an seinem Fruchtsaft verdienen wird.
Ihre Frauen konnten lange nicht einschlafen. Chajim-Bärs Frau zerbrach sich den Kopf: Woher nehme ich Geld für das Laubhüttenfest? Und Joine-Wolfs Frau dachte: Woher bekomme ich wenigstens noch ein halbes Dutzend silberne Löffel für die Festtafel?

Sukkot – Das Hüttenfest

Lea Fleischmann

Der Feststrauss

Uri öffnet die quietschende Tür der Laubhütte und tritt in die Sukka ein. Die ganze Woche über bastelten die Kinder an glänzenden Girlanden und Scherenschnitten, die sie gestern zusammen mit steifen Plastikblumen und reifen Früchten an den Wänden der Laubhütte befestigt haben. Daniel hat sogar seinen Drachen am Gerüst angenagelt, dessen bunter Schwanz sich im Windhauch wiegt. Grüne Äpfel, gelbe Birnen und rote Granatäpfel baumeln an durchsichtigen Nylonfäden zwischen dem Papierschmuck. Auf dem Tisch liegt der Feststrauß, zusammengesetzt aus Myrten und Weidenzweigen, dem schmalen, langen Zweig einer Dattelpalme und dem säuerlich, bitteren Etrog, einer zitronenähnlichen Frucht. Mitternacht ist vorüber, und durch die Blätter, die die Laubhütte bedecken, kann Uri den Mond und den dunklen Himmel sehen. Sein Blick bleibt an einem Stern hängen, der wie ein kleiner Diamant am Firmament funkelt, und er wünscht sich, daß seine Seele bis zu diesem Stern hinaufflöge. Dort könnte sie sich ausruhen, sie wäre nicht mehr von Schuldgefühlen und Gewissensbissen zerrissen und geplagt. In der Wöl-

bung der Unendlichkeit würde sie schlafen und nicht mehr aufwachen.
Eine Katze kreischt und stört Uri in seinen Gedanken. Er setzt sich an den Tisch und streicht mit der Hand über die weiße Damastdekke. Dabei tastet er über Brotkrümel und spürt einen feuchten Fleck. Beim Abendessen hatte Daniel das Weinglas umgekippt, und die helle Flüssigkeit sickerte in das Tischtuch. Das sind die ungeweinten Tränen, denkt Uri, vielleicht löst sich eine große Träne vom Himmel und ertränkt mich, allen würde ich Kummer ersparen. Ihm fällt die Geschichte von der Sintflut ein, Gott hat die Erde und alles, was auf ihr kreuchte und fleuchte, im Wasser begraben, aber Sintfluten gibt es keine mehr. Im Gegenteil, das vorige Jahr war ein Dürrejahr, und auch dieses Jahr ist es noch ungewöhnlich heiß um diese Jahreszeit. Morgen wird in den Synagogen um Regen gebetet werden. Die Erde ist ausgedörrt, verdurstet und rissig. Der Hügel hinter dem Haus ist mit Dornengewächsen besät, und gelbe, trockene Halme stechen ins Fleisch, wenn man sich barfuß auf das Feld wagt. Trotzdem lieben seine beiden Jungen, Daniel und David, diesen Hügel, er ist ihr Spielplatz, ihr Reich, dort toben die Kinder am Nachmittag, bis die Dunkelheit hereinbricht. Weder Dornen noch Disteln stören sie. Vereinzelte Ölbäume stehen auf der Anhöhe, planlos gewachsen, aus irgendeinem weggeworfenen Kern entstanden. Obwohl sich niemand um sie kümmert, tragen sie jedes Jahr kleine harte Früchte, und Zippora legt die Oliven in fest verschlossene Gläser ein. Zipporas Oliven sind säuerlich würzig und werden in kleinen Schälchen zu Salat oder Kichererbsenbrei serviert. Es sind die einzigen, die Uri ißt, die konservierten Oliven aus dem Supermarkt kann er nicht in den Mund nehmen. Manchmal preßt Zippora auch Öl aus, ein trübes Öl, das sie in Weinflaschen auffängt. Sie ist eine umsichtige und sparsame Hausfrau, ein bescheidener, stiller Mensch, weder rechthaberisch noch launisch.
Uris Blick bleibt am Feststrauß hängen. Vor dem Hauseingang wächst eine in die Breite gehende Myrte, und jedes Jahr vor Sukkot schneidet Uri einige volle, schöne Zweige für den Feststrauß ab. Er greift nach dem Myrtenzweig, zupft ein Blatt ab und riecht

daran. Die Myrtenblättchen verbreiten einen herben, angenehmen Geruch. Uri befühlt ein Blatt mit Daumen und Zeigefinger. Ein glattes Blättchen, das die Form eines kleinen Auges hat. Jede Art symbolisiert ein Organ und der Feststrauß versinnbildlicht den ganzen Menschen. Makellos muß er sein, weder verdorrt noch verwelkt, weder eingerissen noch zerknickt, und mit unendlicher Geduld suchen die Gläubigen die Zweige aus. Die Myrte steht für das Auge, der Etrog für das Herz, die Dattelpalme für das Rückgrat und das Weidenblatt für die Zunge. Mit den Augen hat es angefangen und mit der Zunge geendet.

Uris Problem waren von Jugend auf die Augen. Zu Beginn der Pubertät ist er plötzlich kurzsichtig geworden. Zunächst konnte er die Buchstaben auf der Tafel nicht erkennen, später sah er den Fußball nicht, und Freunde, die ihm von weitem zuwinkten, grüßte er nicht. Ängstlich hielt er den Zustand vor den Eltern geheim, denn das Schlimmste auf der Welt erschien ihm eine Brille. Zwei Mädchen in seiner Klasse trugen Augengläser und waren die Zielscheibe von Spötteleien und giftigen Spitzen. Uri wollte auf gar keinen Fall zu den Brillenschlangen gehören, er wollte nicht aus der Klassengemeinschaft ausgeschlossen werden, ein Brillenträger, dachte er, ist ein Krüppel, den niemand in seiner Nähe dulden will. Eine Brille bedeutete das Ende im Fußballverein, eine Brille war eine häßliche Krücke, und lieber schrieb er schlechte Noten und ließ sich von den Eltern ausschimpfen, als daß er ihnen sein sorgsam verborgenes Geheimnis mitgeteilt hätte. Mit dreizehn Jahren ließ sich sein schlechter Sehzustand nicht mehr verheimlichen. Damals zürnte Uri mit Gott, warum hatte er ihm sein Augenlicht genommen, warum hat er ihn fast blind gemacht, und manchmal, wenn er den Tischtennisball über das grüne Netz schlug, wollte er ihn gegen den Himmel schleudern.

Nach dem Abitur absolvierte Uri seinen dreijährigen Militärdienst und studierte danach Biologie und Chemie für das Lehramt. Uri war ein bequemer Mensch, der allen Schwierigkeiten am liebsten aus dem Weg ging. Er war bereit, jedem seine Meinung zuzugestehen, und hatte selbst keine eigene. Und so war er auch bereit, nach dem Studium eine Stelle an einer konservativen Lehranstalt anzutreten und sich den Sitten und Gepflogenheiten der Schule ohne Schwierigkeiten zu unterwerfen. [...]

Ein Windhauch fährt durch die Sukka, und das Laub, das die Hütte bedeckt, raschelt und knistert. Immer noch reibt Uri das Myrtenblättchen zwischen seinen Fingern und riecht den würzigen Geruch, den es verströmt. Die Augen, seine kranken Augen, die stets hinter dicken Brillengläsern versteckt waren und krampfhaft blinzelten, sobald er die Brille abnahm, dieses verkrüppelte Sinnesorgan, mit dem er sogar aus kurzer Entfernung nichts erkennen konnte, hatte auf einmal eine neue Welt wahrgenommen. Es begann an einem regnerischen Februartag. Uri hatte seinen Schirm im Lehrerzimmer vergessen, und unvermittelt auf dem Heimweg setzte ein heftiger Regenguß ein. Die Wassertropfen perlten von der Stirn und den Augengläsern auf die Nase und den Mund, sie peitschten ihm ins Gesicht, und durch die beschlagene Brille konnte er fast nichts mehr sehen. Das Unwetter hatte plötzlich und heftig begonnen, und Uri sah sich den niederfallenden Wassermassen schutzlos ausgeliefert. Er betrat den nächstbesten Laden, um den Regen abzuwarten. Aus der Seitentasche seines Mantels holte er ein gebügeltes Taschentuch hervor, wischte sich damit die Augen trokken und putzte die Brille. Erst jetzt sah er, daß er sich in einem Optikerladen befand. Hinter Glasvitrinen waren allerlei Brillengestelle angeordnet, an den Wänden hingen Porträts von gutaussehenden, braungebrannten Männern und Frauen mit modischen Brillen auf ihren Nasen. Auf einer Glastheke lag ein Stapel mit Prospekten, und mechanisch griff Uri zu dem Glanzpapier. Es war eine Reklamebroschüre für Kontaktlinsen. Die Beschaffenheit und die Vorteile der Kontaktlinse gegenüber der herkömmlichen Brille wurde dort ausführlich beschrieben und illustriert. Interessiert überflog Uri den Text. Aus einem hinteren Raum war der Optiker eingetreten und fragte ihn, ob er etwas Spezielles suche. »Eigentlich nicht«, sagte Uri, »ich wollte nur das Unwetter abwarten.« – »Nehmen Sie doch Platz«, forderte ihn der Optiker auf, »es wird noch eine Weile dauern, bis der Regen aufhört.« Uri setzte sich auf einen Hocker, der neben einem runden Tisch stand, auf dem ein beweglicher Spiegel aufgestellt war. Unwillkürlich betrachtete er sein

Gesicht. Ein schmales, ebenmäßiges Antlitz mit einer hohen Stirn und blonden, kurzgeschnittenen Haaren. Seine Brille bestand aus einer einfachen Goldfassung mit dicken geschliffenen Gläsern. Obwohl Uri schon so viele Jahre Brillenträger war, gefiel ihm die Brille immer noch nicht. Aber normalerweise dachte er nicht mehr an sie, die Augengläser waren mit seinem Gesicht zusammengewachsen. Nur um eine Unterhaltung anzufangen, die das Schweigen in dem Laden überbrücken sollte, fragte Uri den Optiker, ob er mit seiner schwachen Sehkraft auch Kontaktlinsen tragen könne. Im Prinzip ja, meinte der Optiker, eine starke Kurzsichtigkeit sei kein Hinderungsgrund für Haftschalen. Inzwischen hatte der Regen aufgehört, und Uri verabschiedete sich.

Seine Gedanken weilten nun unablässig bei den Kontaktlinsen. Einerseits, überlegte er, brauchte er keine Haftschalen. Er war an seine Brille gewöhnt, für wen sollte er besser aussehen. Zippora wird ihr Verhalten mit und ohne Brille nicht ändern. [...]

Uri tastete in der Dunkelheit nach dem Etrog, der Frucht, die das Herz symbolisiert. Der Etrog füllt die ganze Hand aus, und Uri spürt seinen Herzschlag in der saftigen gelben Frucht. Solange seine Augen trübe waren, hatte das Herz nichts wahrgenommen, es fühlte nichts, es war auf Eis gelegt.

Uri unterrichtete in einer Abitursklasse, und dort fiel ihm Rachel auf. Seit drei Jahren unterrichtete er in dieser Klasse, warum sah er sie erst jetzt? Vielleicht, weil ihn seine dicken Brillengläser bis jetzt vor der Welt abgeschirmt hatten, und ohne Brille umgab ihn bislang ein dichter, grauer Nebel. Wie alle Mädchen trug Rachel lange Röcke, und die Arme waren immer bedeckt. Bescheidenheit in der Kleidung und Bescheidenheit in der Seele war die Devise der Lehranstalt, niemals durften die Mädchen Arme oder Beine entblößt zeigen. Aber Rachels Bluse saß eine Spur strammer als die Blusen der anderen, und ihr Rock war ein wenig enger. Sie nistete sich in Uris Kopf auch außerhalb der Schulstunden ein, in den Nächten und den Tagträumen war sie gegenwärtig. Seine Augen sahen, und das Herz begann zu fühlen. [...]

Und auf einmal war sie wieder da, die Zukunft, von der Uri nicht wußte, wie sie aussehen würde. Er konnte nicht mehr an einer kon-

servativen Mädchenschule unterrichten, und er mußte sich scheiden lassen. [...] Heute nacht wird er seine Familie verlassen und zu Rachel gehen, die sich mit ihren Eltern überworfen hatte und in dem Hotel auf ihn wartete. [...]
Uri erhebt sich, sein Blick streift noch einmal die glänzenden Girlanden, das bunte Obst an den Wänden und Daniels Papierdrachen. Müde nimmt er seinen Koffer und öffnet die Tür der Laubhütte. Als er in die Dunkelheit hinaustritt, schlägt ein Luftzug die Tür hinter ihm zu, und die Nacht verschluckt seine Gestalt.

V. Anmerkungen

Zu den Legenden und Märchen

Märchen, Erzählungen und Legenden, die sich humorvoller Weisheit bedienen, sind für das jüdische Volk insofern typisch, als sie das Ringen um die Existenz des einzelnen und des Staates Israel selbst nachzeichnen. Diese Literatur spiegelt das Bild der jüdischen Psyche im Laufe der Jahrtausende. Zentral ist die Frage nach den Übergängen von Wirklichkeit, Wahrheit und Phantasie.
Das Märchen, in der hebräischen Sprache »Agadah«, Erzählung, die Geist, Seele und Gefühle lenkt, aber auch »Maasija« genannt, bezeichnet eine kleine Tatsache, an deren Wahrheit man glauben könnte und an der man sich erbauen soll. Das letzte Ziel besteht darin, Gott zu erkennen, ihn zu fürchten und seinen Wegen zu folgen. Kennzeichnend ist die Erkenntnistiefe trotz der Aufgabe des Märchens, der Erzählung und der Legende, gemeinverständlich zu sein und das trockene Gesetz zu variieren. Das jüdische Märchen zeichnet sich des weiteren aus durch seine Logik und Konsequenz und auch seine Nähe zum Existenzkampf des jüdischen Volkes. Es ermöglicht bei allen Bedrängnissen und Gefahren, die auf das Volk einstürmen, während kritischer Augenblicke Zuflucht, so daß es keine phantastische Erzählung bleibt.

Abraham erkennt den Allmächtigen

Das hier zuerst angeführte Märchen ist ein Märchen, das sich nach Personen und Ereignissen in der Bibel orientiert. Es ist ein Zeugnis Abrahams vor dem monotheistischen Schöpfergott Israels. Es lebt von der Verkettung sich folgernder Ereignisse, bezeichnet humorvoll die Kleinheit und Geringfügigkeit vor Gott und die Ambivalenz von Leistung und Last sowie die Komik des Götzenhaften als Kontrast zum Glauben an den alleinigen Gott.

Das geliehene Ei

Ähnlich wie zuvor ist es in diesem Märchen, in dessen Mittelpunkt die Taten König Davids stehen. Grundlage des Humors hier ist ein salomonischer Rat als Abwehr vor der Absurdität einer nicht zu begrenzenden Forderung und der Unersättlichkeit. Die Wiederholung einer zeitlich versetzten Situation erscheint undefinierbar.

Was macht Gott den ganzen Tag?

Hier ist eine Legende in Form eines Kettenmärchens bemüht. Der Mensch lehnt sich gegen Gott auf und wird eines Besseren belehrt. Zwei Probleme werden in dieser Legende abgeklärt: der Mensch vor Gott, der sich fragt, ob dessen Walten über ihn gerecht ist. Darüber hinaus wirft sich die Frage auf, warum ein Mann reich ist und ein anderer arm. Das Kettenmärchen, das sich dahinter verbirgt, ist das »Von dem Fischer und syner Fru«. Menschlich-seelische Themen werden dabei angesprochen, etwa die Lebzähigkeit des Geplagten, seine Unersättlichkeit und die Phasen seiner Belehrung, die als schwarzer Humor zu genießen sind.

Warum ist der Tischler froh?

Das Märchen ist in Form einer Weisheitsnovelle gehalten, die in ihrer Eigenart eine Einzelsituation zum Zwecke der Erkenntnis beschreibt. Sie bedeutet für den Betroffenen eine Schicksalswende. Nicht die Personen sind unmittelbar wichtig, sondern das, was ihnen widerfährt. Kennzeichen der Weisheitsnovelle ist es, daß durch sie zur Reflexion angehalten wird, daß sie den Leser nachdenklich macht und in straffer und zielstrebiger Form, hier begleitend humorvoll, ihre Lehre erteilt wird. Das Märchen besingt die Todestugend des Menschen bis ins Kreatürliche hinein. Der Vorzug der Lebensfreude ergibt sich aus der Unversehrtheit. Der schwarze Humor, die Fähigkeit, über das Böse zu lachen, liegt in der Bewahrung des Friedens entgegen der Intrige. Lebensklugheit macht sich mit unterstützend positivem Humor bezahlt.

Wie kommt man geraden Wegs ins Paradies?

Bei diesem Märchen handelt es sich um eine Parodie auf die Weisheitsnovelle vom klugen Richter. Die Dichtungsart verspottet ein ernstgemeintes Werk im Sinne des Volksmärchens »Der Mann gewählt, der zum Galgen paßt«. Eine interpretatorische Nähe zu Jesus, dem für die Christen bereits gekommenen Messias, ist nicht zu übersehen. Der Inhalt wird nicht ins Komische gewendet, wohl aber die Form, die zum Märchen nicht paßt. Dieser Kontrast bedeutet die Herausarbeitung der Freude am Komischen durch die Abwandlung des Stoffes.

Das Märchen wird erzählt von Ben-Zion Ascheri, der aus Afghanistan nach Israel eingewandert ist. So kam das Märchen vom Scheich und vom Derwisch, die dem islamischen Lebensbereich in Israel angehören, ins jüdische Kulturgut. (Scheich: »Ältester«, Häuptling eines Beduinenstammes, Dorfältester. – Derwisch: Mitglied eines islamischen religiösen Ordens.)

Mit der arabischen Eroberung der byzantinischen und persischen Länder (7. Jh. n. Chr.) im besonderen befindet sich die jüdische Bevölkerung zwischen dem christlichen und moslemischen Kulturgebiet geteilt.

Ein Palast für Lügen

Das aus dem islamischen Kulturgut stammende und übernommene Märchen zählt zur Gattung der Lügenmärchen und lehnt sich an die Geschichte vom Schlaraffenland an. Darin wird für Lügen bezahlt, die Welt ist jedoch dabei aus den Angeln gegangen. Auf Kosten des intellektuellen Verfalls wechselt ein Palast seinen Besitzer. Der Humor lebt aus den als unwahrscheinlich beschriebenen Zuständen des sonst naturgegebenen Seins.

Zu den Geschichten und Erzählungen über jüdische Feste

Der Schabbat (Sabbat)

Der Schabbat ist ein jüdischer Ruhe- und Feiertag, der am Freitagabend nach dem Einbruch der Dämmerung beginnt und am Samstagabend nach Erscheinen von drei Sternen am Himmel endet. Er wird zur Erinnerung des Ruhen Gottes nach der Erschaffung der Welt begangen. Drei Mahlzeiten sind obligatorisch. In chassidischen Kreisen spielt das Essen am Ende des Schabbats als Verabschiedung von der »Königin Sabbat« eine besonders große Rolle. Die hier ausgewählte Schabbatgeschichte *Menschen und Götter* greift humorvoll die Themen des Todes, des Kampfes ums Überleben und der Duldung, der Toleranz, zwischen jüdischem und christlichem Leben auf. Humor wirkt auch in der Armut, in der Klage über die Bedürftigkeit des Lebens und die baufälligen Behausungen. Widrigkeiten wollen gemeistert werden, so auch die in einem Häuschen, das teils nach jüdischem Brauch, teils nach christlicher Lehre bewohnt wird. Am Ende des Schabbats teilen beide Frauen die Fische der Jüdin zur Mahlzeit miteinander. Das messianische Element ist dadurch miteingeschlossen. Der Dornenkranz eines Heiligenbildes auf der christlichen Wohnseite berührt auch das Herz der Jüdin auf der anderen.

Talmudische Beschreibung des Festes

Der Schabbat, dieses Urbild aller jüdischen Feste, ist für Israel zuerst ein Erinnerungsfest an die Schöpfung und ihre Vollendung. An ihm hat der Schöpfer, zum Zeichen der Freiheit gegenüber seinem Werk, die Schöpfung vollendet. Und so darf die Gemeinde, wenn sie sechs Tage an der Erhaltung der Schöpfung mitgewirkt hat, in der Nachahmung Gottes ebenfalls teilhaben an diesem Feiern. Die ganze Woche läuft auf diesen Tag als ihren Höhepunkt zu; der Freitag dient in einer besonderen Weise seiner Vorbereitung. Mit Liebe sorgt die Hausfrau für alles Nötige vor. Das Haus wird geputzt und geschmückt, die Menschen baden und salben sich, die Festtagskleider werden gerichtet. Viel Sorgfalt wird auf die Zubereitung des Essens verwandt, denn das reiche und feierliche Schabbatmahl wird im Gedenken an die Schöpfung zum sakramentalen Geschehen.

Chassidische Einordnung des Festes

Der Schofarbläser am Schabbat

An einem Neujahrstag, der auf einen Sabbat fiel, sprach der Riziner: »An einem Neujahrstag, der auf einen Sabbat fällt, darf man das Schofarhorn, das die Welt zum neuen Jahr beruft, nicht blasen. Da bläst Gott selber Schofar. Und er versteht wohl zu blasen. Darum ist an diesem Tag unsre Hoffnung so wach; denn der Quell des Erbarmens selber ist es, der sie weckt.«

Israel von Rizin

Das Purimfest ist ein freudiges Fest zur Erinnerung an die Errettung der Juden im alten Persien. An diesem Tag wird das biblische Buch Ester gelesen, in dem das Ereignis geschildert wird. Es heißt, daß Purim ein Fest sei, das nie abgeschafft werde. Man werde sich dieser Errettung aus tödlicher Bedrohung noch erinnern, wenn – abgesehen von den fünf Büchern Mose – die anderen Bücher der Bibel längst vergessen sein werden.

Talmudische Beschreibung des Festes

Vom Losefest

Rawa sagte: Ein Mensch ist verpflichtet, sich am Losefest anzuheitern, bis er nicht mehr zu unterscheiden weiß zwischen »Verflucht sei Haman« und »Gelobt sei Mordechai«.
Rabba und Rabbi Sëira hielten miteinander das Mahl des Losefestes und heiterten sich an. Da stand Rabba auf und schnitt Rabbi Sëira in die Kehle. Anderntags flehte er für ihn um Erbarmen und belebte ihn. Übers Jahr sagte er zu ihm: Möge der Meister kommen, und wir wollen das Mahl des Losefestes miteinander halten. Rabbi Sëira sagte zu ihm: Nicht zu jeder Stunde ereignet sich ein Wunder.

Megilla 7 b

Chassidische Einordnung des Festes

Verzückungen

Als Rabbi Levi Jichzak am Morgen des Hüttenfestes in die Lade langen wollte, in der der Paradiesapfel und der Strauß aus Palme, Myrte und Bachweide auf den Segen warteten, stieß er die Hand durch den Glasdeckel und merkte nicht, daß sie wund war.

Als er am Chanukkafest die heiligen Kerzen brennen sah, mußte er mit der bloßen Hand in die Flamme greifen und spürte es nicht. Am Purimfest tanzte er beim Segen vor der Vorlesung des Buches Ester auf dem Pult und schier auf der Schriftrolle selber.
Als er Wasser zum Backen der Mazzot schöpfen wollte, verzückte ihn die heilige Pflicht so sehr, daß er in den Brunnen fiel.
Als er beim Seder die Worte »Diese Mazza« sprach, warf er sie vor Begeisterung unter den Tisch und riß ihn mitsamt der Sederschüssel, den Mazzot und dem Wein um, daß man alles von neuem herrichten mußte. Er zog den neuen Kittel an, den man ihm reichte, und sagte, wie jemand, der sich an einer köstlichen Speise erquickt: »Ah! Ah! Diese Mazza!«

Levi Jizchak von Berditschew

Die zu Purim ausgesuchte Geschichte *Die unsterbliche Orange* befaßt sich mit der Armut der Menschen, ihrem Hang zum Exotischen und Wertvollen und der Verlängerung des Gegenwärtigen ins Ewige mit humorvollem Unterton zum kreatürlich Begrenzenden.

Das Pessachfest

»Überschreitung«; achttägiges Fest im Frühjahr zur Erinnerung an den Auszug des Volkes Israel aus Ägypten. Auch als »Fest der ungesäuerten Brote« (Mazzot) bezeichnet. Osterfest. Alles Gesäuerte bzw. damit in Berührung gekommene Gegenstände werden aus dem Hause entfernt. Die Familie in der hier angeführten Geschichte *Auf der Wanderung* erlebt deshalb das Exil noch einmal in humorvoller Weise. Ein Teil der Familie ist im eigenen Hause ausgewiesen. Die Vertreibung aus dem Paradies wird mit Witz wiedererlebt als Exilierung aus dem eigenen Heim. Erlösungsbedürftigkeit erfolgt aus der verursachten Ruhelosigkeit. Segen und Fluch stehen sich bei aller guten Laune in zweideutig gegenüber.

Die Unwandelbarkeit des Gesetzes zu Pessach bleibt versteckt beständig. Exilierung und Unwandelbarkeit stehen daher im Mittelpunkt der ausgesuchten Pessachgeschichte.

Talmudische Beschreibung des Festes

Pesach ist das erste Wallfahrtsfest. Sein Ursprung liegt im Dunkel der Vorzeit. Manche erkennen darin Züge eines Neujahrsfestes mit seinen »Reinigungs«- und Erneuerungsriten. Andere sehen zwei Wurzeln: einen alten Hirtenbrauch, bei dem durch ein Lammopfer beim Aufbruch in neue Weidegebiete dämonischer Einfluß abgewehrt und dadurch die Fruchtbarkeit der Herde gesichert werden soll, darüber lagerte sich später ein Fest, wie es bei kanaanäischen Bauern zur Zeit der Gerstenernte begangen wurde, die ungesäuertes Brot aßen, um auf diese Weise Schädliches von der ganzen Ernte fernzuhalten und sie damit zu heiligen. Der nomadische Brauch konnte neben dem bäuerlichen auch darum festgehalten werden, weil die beiden Feste zeitlich zusammenfielen. So wurde beides, Pessach und Mazzot, auch später noch nebeneinander festgehalten. Durch die heilsgeschichtliche Interpretation ist Pessach-Mazzot zum Erinnerungsfest an die Befreiung aus Ägypten geworden: Unter diesen Zeichen hat Israel seine Freiheit erlangt und ist dadurch zum Volk erschaffen worden. Später wurden die Lämmer im Tempelhof geschlachtet, dann von den Pilgern im Kreise der Familien gegessen. Seit der Tempelzerstörung ist Pessach wieder zu einer häuslichen Feier geworden, die gründlich vorbereitet wird durch Wegräumen und Vertilgen alles »Gesäuerten«. Auf dem weißgedeckten Tisch stehen die symbolischen Speisen: Mazzot erinnert an das Brot des Elends, das die Väter in Ägypten aßen, und an den eiligen Aufbruch, ein gerösteter Lammknochen erinnert an das Pessachlamm, das Ei an die Festopfer des Tempels, ein lehmfarbener Brei, aus Äpfeln, Rosinen, Feigen und Wein bereitet, an die Baufron, Bitterkräuter überhaupt an die bittere Not in Ägypten. An jedem Platz steht ein Becher Weins; der kostbare Becher ist für Elia, den Vorboten des Messias, bestimmt.

Chassidische Einordnung des Festes

An jedem Tag

Der Maggid von Kosnitz sprach: »An jedem Tag soll der Mensch aus Ägypten gehn.«

Israel von Kosnitz

Rosch Haschana und Jom Kippur – Neujahr und Versöhnungsfest

Zwischen Neujahr und Versöhnungstag liegen die »Zehn Tage der Ehrfurcht« (Janim Noraim). Der Versöhnungstag ist ein Tag des »Bedeckens« von Sünde und Schuld. Es handelt sich um den höchsten jüdischen Feiertag und Fasttag im Herbst. Im Mittelpunkt steht das Sühneopfer, das der Hohepriester vor der Zerstörung des Zweiten Tempels einmal im Jahr im Allerheiligsten stellvertretend für das ganze Volk Israel darbrachte. Es war für ein Jahr wirksam. Zu Rosh Hashana ist es Brauch, zu einem fließenden Gewässer zu gehen und die Sünden des ganzen Jahres symbolisch ins Wasser zu werfen (vgl. Taschlich, »Du wirst werfen«).

Talmudische Beschreibung des Festes

Zwei Wochen vor dem Hüttenfest feiert Israel Neujahr. Dieser Tag, dessen Bedeutung nicht näher bestimmt wird, heißt in der Bibel »Tag des Lärmblasens« und »Gedächtnis des Lärmblasens«. Ausführlich wird dagegen vom Versöhnungstag gesagt, daß er neun Tage später als strenges Fasten zu halten sei, das Sühne vor Gott erwirke. Dann wird der Opfer- und Sühnedienst im einzelnen dargestellt, den an diesem Tag der Hohepriester, besonders auch im Allerheiligsten, zu verrichten hat. Mit der Zerstörung des zweiten Tempels entfiel alles Formelle und Zeremonielle, und erhalten blieb, gelöst von Tempel und Opfer, als das Wesentliche des Tages Gebet, Fasten und Umkehr.

Aber Schuld kann getilgt und das gefällte Urteil zurückgenommen werden. Gott kann den Zusammenhang von Sünde und Unheil lösen, denn dem Menschen ist eine Möglichkeit der Umkehr und des Neuanfangs gegeben. Und so sind besonders die Tage von Neujahr bis zum Versöhnungstag als die »Zehn Tage der Umkehr« begriffen worden, als Tage nicht des Gerichts allein, sondern vor allem des Erbarmens über die Umkehrenden. Aber Gottes Freispruch setzt voraus, daß die Menschen untereinander zuvor all das wiedergutmachen, was ihnen nur möglich ist. Darum werden vor dem Versöhnungstag alle Beleidigten aufgesucht und um Verzeihung gebeten, allen Beleidigern wird Verzeihung gewährt, und alle Arten von Schulden werden in den Tagen der Einkehr und Umkehr beglichen.

Der Versöhnungstag ist ein großes, von der Weisung gebotenes ganztägiges Fasten. Der Abendgottesdienst dehnt sich lang, der Dienst am anderen Tag ist eine einzige lange und schwere Feier. Wie der Hohepriester weiß bekleidet das Allerheiligste betrat, so sind auch die Beter mit dem »Kittel« angetan, der einst ihr Totengewand sein wird. Wie im Tod, so steht jeder unwechselbar für sich allein und doch inmitten einer großen Gemeinde, in der sich alle füreinander verantwortlich wissen. Das Gebet ist am Versöhnungstag dem des Neujahrstages gleich, nur kommt das Sündenbekenntnis der Gemeinde hinzu. Beim Morgengottesdienst werden alle »Bußpsalmen« eingeschaltet; als Abschluß des Abendgebetes hat sich aus der Zeit des Tempels ein Gebet erhalten, das gesagt worden ist, ehe die Tore geschlossen wurden. In der Stunde, da dieses Gebet vor Gott kommt, wird der Urteilsspruch über jeden Einzelnen für das kommende Jahr besiegelt. Im Hauptgebet wird noch einmal der Wunsch nach guter Besiegelung laut, dann wird das »Kaddish« gesagt, danach in einer besonders feierlichen

Weise die Einheit Gottes mit dem »Höre Israel« bekannt, und ein letzter Ton des Widderhorns beschließt den »langen Tag«. Und noch am selben Abend werden Vorbereitungen getroffen für den Bau der Laubhütte, damit sich der schwere Ernst dieser Tage dann im Jubel der großen Freude an der Weisung löse.
Die dazu ausgewählte Geschichte ›NEI'LO‹ beschreibt die Stimmung beim Schlußgebet am Versöhnungstag mit einem »komischen Zorn«, um Perez' Worte in der Geschichte selbst zu verwenden. Sie befaßt sich selbstironisch bis leicht satirisch mit den kreatürlichen und finanziell-existentiellen Problemen des Alltags, den kleinen und großen Sorgen, die dazu verhelfen, sich über sich und andere lustig zu machen. Die lebhaft gehaltene Personenbeschreibung gerät sanft ins Hyperbolische, streift ungezwungen die Themen der Toleranz zwischen Juden und Christen, der Krankheit, der Gebrechen und der Geldnot. Zu schmunzeln ist über die menschlichen Schwächen, die Ironie des Schicksals, über die Nähe von Lachen und Weinen, über Hinterlist, Mißgunst und Neid.

Einladung zur Versöhnung

Rabbi Abba hatte etwas gegen Rabbi Jirmeja. Er ging und setzte sich ans Tor Rabbi Abbas. Als seine Magd Wasser ausschüttete, trafen einige Wassertropfen seinen Kopf. Da sagte er: Sie haben mich wie Kot gemacht. Da las er in bezug auf sich: *Den Dürftigen hebt er vom Kot.* Rabbi Abba hörte es, kam zu ihm heraus und sagte zu ihm: Jetzt muß ich zu dir herauskommen, denn es steht geschrieben: *Geh, erniedrige dich, und bestürme deinen Nächsten!*
Wenn Rabbi Seïra etwas gegen jemand hatte, ging er wiederholt an ihm vorüber und zeigte sich ihm, damit dieser von selbst herankomme.

Joma 87 a

Chassidische Einordnung des Festes

Das Tauchbad ohne Wasser

Einst, am Nachmittag vor dem Versöhnungstag, zur Zeit des Tauchbads, war der Rabbi von Kalew zu dem Bach gegangen, an dem die Stadt liegt. Aber statt darin zu tauchen, legte er sich ins Gras am Ufer und sagte: »Oh, wie gut ist es hier zu schlafen!« Als es schon auf den Abend ging und die ihn begleitenden Chassidim alle schon in den Bach getaucht waren, wachte er auf, reckte die Glieder und ohne zu tauchen, aber mit den wie von einem neuen Leben zeugenden Mienen und Gebärden, die er stets nach dem Bade hatte, kehrte er mit den andern in die Stadt zurück.

Jizchak Eisik von Kalew

Sukkot – Das Hüttenfest

Sukkot bedeutet ein Gedenken an die Wüstenwanderung der Israeliten, die sich dazu in laubgedeckten Hütten aufhalten. In der talmudischen Beschreibung überwiegt das flehentliche Bitten um Hilfe, begleitet vom Schlagen mit dem Feststrauß, der zuvor in peinlicher heiler Ordnung gebunden und gehalten wird, in den chassidischen Erzählungen ein mit Angst gepaarter Humor. Die Geschichte selbst, »Der Feststrauß«, befaßt sich mit der Unendlichkeit von Schuldgefühlen, der Kleinheit des Menschen vor der Größe Gottes und der Betrachtung des Menschen als durch einen Makrokosmos erklärbar, wie er in der Natur vorgefunden wird, und in dem er nur ein Teilchen, ein Mikrokosmos, wird, und seine Humor bis Tragikomik fördernde Armut vor Gottes Eingreifen in seine Befindlichkeiten erkennen muß, wie die ausgewählte Sukkotgeschichte belegt.

Talmudische Beschreibung des Festes

Das Hüttenfest reicht auch in eine alte Zeit zurück, in der die Menschen während des Herbstens in leichten Hütten auf den Feldern wohnten. Israel hat dieses Herbstdankfest als drittes Wallfahrtsfest gefeiert unter Darbringung von Früchten, Wein und Öl. Die Festpilger wohnten in »Hütten«. Der Altar war festlich geschmückt. (...) Eine weitere Besonderheit des Hüttenfestes bilden die Erntesymbole, die bei den täglichen Umzügen in der Synagoge getragen werden. Die Beter halten in der linken Hand eine Zitrusfrucht, den Etrog, und in der rechten einen Feststrauß, einen Palmzweig, der mit Bachweide und Myrte gebunden ist. Wenn sie bei ihren Gebeten auf das immer wiederkehrende »Hilf doch!« kommen, so schütteln sie den Feststrauß. Am siebten Tag, dem »Tag der Bachweide«, später »Großes Hosiana« genannt, werden sieben Umzüge gemacht und damit das Fest beschlossen. Ein weiterer Tag, ohne die Symbole, schließt sich an. Es ist der Tag mit dem fröhlichsten Gottesdienst des Jahres geworden, der später den Namen »Tag der Freude an der Weisung« erhielt. Unter Jubel und Tanz werden alle Bibelrollen siebenmal um die Synagoge getragen.

Chassidische Einordnung des Festes

In der Laubhütte

Ein Schüler des Rabbis von Lublin erzählte: »Einst feierte ich das Hüttenfest in Lublin. Vor dem Sprechen der Lobgesänge ging der Rabbi in die Hütte. Eine Stunde lang etwa sah ich seinen gewaltsamen, wie von einem großen Schrecken getriebenen Bewegungen zu. Allem Volk, das zusah, schien dies das Wesentliche selber zu sein. Sie empfanden, es gehe eine große Furcht auf sie über, und auch sie bewegten sich zitternd und schweißübergossen. Ich aber saß auf der Bank und machte die Nebensache nicht zum Wesen, sondern wartete, bis all das ruhelose Ängsten vorüber war. Da stand ich auf, um recht alles zu sehn, wenn der Rabbi den Segen sprach.

Nun sah ich ihn, wie er, zur höchsten Stufe des Geistes erhoben, regungslos den Segen sprach, und ich vernahm den göttlichen Segen. So hatte Mose einst nicht des Donnergetöses und des rauchenden Bergs geachtet, den das Volk zitternd umstand, und war der unbewegten Wolke genaht, aus der Gott zu ihm sprach.«

Jaakob Jizchak von Lublin

Glossar

Cha(o)ssid	(*Pl.* Chassidim) Anhänger einer Mitte des 18. Jh. in der Ukraine entstandenen, später in Osteuropa weit verbreiteten religiösen Bewegung mit mystisch-ekstatischen, auch abergläubischen Zügen.
Eruw	Ein größerer Bezirk oder eine Stadt kann mit einem Draht umgeben werden, um innerhalb dieses Bereiches das Tragen benötigter Gegenstände (z.B. eines Gebetbuches) am Schabbat zu ermöglichen, was sonst, ohne das Arbeitsverbot zu übertreten, nur innerhalb des Hauses erlaubt ist. Durch den Draht wird der umschlossene Raum über die eigene Wohnung hinaus ausgedehnt und der öffentliche Bereich mit dem privaten theoretisch zu einer Einheit gemacht. Da dafür gesorgt werden muß, daß der Eruw intakt bleibt, gibt es an manchen Orten einen eigens zur Kontrolle eingesetzten Hüter.
Gemara	Vgl. Talmud
Goy(j)	*Pl.* Gojim – Nichtjude(n)
Halwa	Orientalische Süßspeise aus zerstoßenem Sesamsamen und Honig, beliebt im östlichen Mittelmeergebiet und Zentralasien.
Hauschano rabbo	(Hoschana Rabba) – der 7. Tag des Laubhüttenfestes. Nach der Vorstellung der jüdischen Mystik wird das am Neujahrsfest über den Menschen

von Gott gefällte und am Versöhnungstag besiegelte Urteil am Hauschano rabbo rechtskräftig und wird den himmlischen Gerichtsvollziehern zur Vollstreckung übergeben. Wer in dem betreffenden Jahr sterben werde, dessen Kopf werfe angeblich in der Nacht des Hauschano rabbo keinen Schatten.

Hawdole (Hawdala) – Zeremonie, die nach dem Ausgang des Sabbats verrichtet wird zur Unterscheidung zwischen Heiligem und Profanem. Dazu wird eine geflochtene Kerze verwendet.

Jisgadal ... Schmeh Rabbo Anfangsworte des Kaddischgebets.

Kaddisch Gebet zur Lobpreisung Gottes, das auch als Totengebet verwendet wird.

Kusari Titel des philosophischen Werkes des Jehuda Halewi (etwa 1085 - nach 1140)

Lulow (Lulaw) - Feststrauß für den Morgengottesdienst des Laubhüttenfestes

Mazze (Mazza, *Pl.* Mazzot) – ungesäuertes Brot für Pessach.

Misnagged/ Mitnagged (*Pl.* Misnaggdim/Mitnaggdim) – »Gegner«. Richtung der osteuropäischen jüdischen Orthodoxie, die die mystischen und abergläubischen Praktiken der Chassidim ablehnte und bekämpfte.

Misrach »Osten« – eine oft künstlerisch ausgeführte Zeichnung, die im Haus an die Ostwand gehängt wird, um die Gebetsrichtung anzuzeigen.

Ne'ilo	(Ne'ila) – Schlußgebet am Versöhnungstag.
Rambam	Abkürzung für Rabbi Moses ben Maimon (Maimonides), führender jüdischer Philosoph, Arzt und Gesetzeslehrer, Verfasser eines berühmten Talmudkompendiums, der von 1135-1204 lebte.
Rebbe	Bezeichnung für das geistige Oberhaupt einer Gruppe von Chassidim; auch für einen Elementarlehrer.
Schmeh Rabbo	Anfangsworte des Kaddischgebets.
Seder	Häusliches Zeremoniell an den beiden ersten Abenden des Pessachfestes. Im Mittelpunkt steht die Verlesung und Erläuterung der Haggada, des Berichts über den Auszug der Israeliten aus Ägypten.
Schmoine Essre	(Schmone Essre) – Achtzehngebet; ursprünglich aus 18 Segenssprüchen bestehendes Hauptgebet, das täglich dreimal, an Feiertagen viermal gesagt wird. Im Vormittags- und Nachmittagsgottesdienst folgt dem Gebet des einzelnen der laute Vortrag des Gebets durch den Vorbeter.
Schofar	Gekrümmtes Widderhorn, das im Gottesdienst des Neujahrsfestes und an den Werktagen des dem Neujahrsfest vorangegangenen Monat Elul geblasen wird; vor dem Blasen sagt der Bläser einen besonderen Segensspruch. Einen Ton bläst man auch am Ende des Versöhnungstages.
Schuschan Purim	(Shushan Purim) – Purim von Susa, der Hauptstadt Persiens, wo das Fest nach dem Bericht des

biblischen Buches Ester erst einen Tag später begangen werden konnte. In Städten, die bereits in den Tagen des Josua von einer Mauer umgeben waren, wird dieser Tag anstelle des Purimtages festlich begangen.

Tallit — (Tallis) Gebetmantel. Viereckiges Umschlagetuch aus Wolle oder Seide mit Schaufäden an den Ecken. Wird von Männern beim Morgengebet getragen.

Talmud — Hauptwerk der jüdischen Religion nach der Bibel, bestehend aus der Mischna, der mündlichen Lehre, die als Ergänzung zur Bibel im 2. Jh. n. Chr. schriftlich fixiert wurde, und der *Gemara*, der enzyklopädischen Diskussion über die Lehrsätze der Mischna. Die Gemara, die etwa im 6. Jh. n.Chr. abgeschlossen wurde, wird auch als Talmud im engeren Sinne bezeichnet. Der Talmud umfaßt die Sammlung aller Lehren und Gesetze des nachbiblischen Judentums.

Thora — Die fünf Bücher Mose.

Zaddik — (*Pl.* Zaddikim) – chassidischer Wunderrebbe.

Anmerkung zu Einzelstelle

So laß die Furcht ... — Stelle aus dem Gebetstext; ebenso die folgenden Zitate, in der Geschichte »Nei'lo«

Quellen

S. 29ff. und **S. 31f.,** © Aventinum Publishing House, Prag.

S. 33, aus: Martin Buber, Die Erzählungen der Chassidim, © Manesse Verlag, Zürich 1949.

S. 34ff., S. 36ff., S. 39ff., S. 41ff., aus: Hedda Jason (Hg.), Märchen aus Israel, erschienen in der Reihe »Märchen der Weltliteratur«, © Eugen Diederichs Verlag, München.

S. 45ff., S. 51ff., S. 57ff., S. 66ff., aus: Ingetraud Skirecki (Hg.), Die Wunder von Chanukka. Geschichten zu jüdischen Fest- und Feiertagen, Union Verlag, Berlin 1989, © Ingetraud Skirecki, Berlin.

S. 71ff., aus: Lea Fleischmann, Abrahams Heimkehr. Geschichten zu den jüdischen Feiertagen, © Rasch und Röhring Verlag, Hamburg 1989.